Élise Fabing

En collaboration avec Jules Thomas

Ça commence avec la boule au ventre

Les Arènes

À Iris et Louis.
Aux femmes de ma vie, celles que j'aime,
que j'admire et qui me construisent, ma mère, Susan,
mes précieuses alliées, et mes clientes, mes héroïnes.
Au contradicteur qui me fait pousser des ailes,
malgré nos désaccords.

Prologue

Je me souviendrai toujours de ma première rencontre avec Isabelle. Encore jeune avocate, j'avais entendu parler d'elle lors d'un mariage. L'une de ses amies, présente ce jour-là, m'avait simplement dit qu'elle allait très mal. Cela avait à voir avec son travail. Son parcours était pourtant brillant : polytechnicienne puis énarque, elle avait passé avec brio toutes les étapes et occupait un poste de cadre supérieure dans un grand groupe industriel français. Notre premier coup de fil confirma l'urgence de prendre sa situation en main. À peine les présentations terminées, Isabelle éclatait en sanglots, incapable de s'exprimer. Il fallait que l'on se voie, et vite.

Le rendez-vous a lieu dans mon bureau. La femme qui arrive ce jour-là ne ressemble en rien aux photos d'elle que j'ai pu trouver sur Internet. Démarche mal assurée, traits tirés, yeux rougis, elle est en arrêt maladie depuis plusieurs mois. Elle a perdu toute confiance en elle, et une dizaine de kilos. Mais elle parle. Trois heures durant, elle me déroule le fil de sa carrière, sans cesser de se reprendre ou de s'interroger sur ses potentielles erreurs. Sa prise progressive de responsabilités, la gestion difficile de ses deux grossesses, les promotions qui se sont enchaînées, malgré tout… jusqu'à l'arrivée d'un nouveau manager. Un directeur de la communication fraîchement débauché d'une multinationale concurrente. Dès leur premier déjeuner, il donne le ton : « Si tu fais ce que je te dis, je vais te faire grimper. » S'installe d'abord une grosse pression, avec des horaires qui débordent, en soirée et le week-end, des rendez-vous professionnels imposés à toute heure. Tenace, elle encaisse. Mais apparemment, elle n'en fait jamais assez pour satisfaire cet homme qui ne lui adresse pas un mot de remerciement, même si au départ il semblait reconnaître son talent. Puis, avec les premières petites difficultés professionnelles viennent les brimades, les humiliations, en public comme en privé, par mail ou à l'oral. Elle n'est bientôt plus qu'une « moins que rien », « juste une gratte-papier », selon son N+1. Un homme qui semble au demeurant voué à un grand avenir au sein de l'entreprise. Sauf que personne ne perçoit l'ampleur de l'emprise qu'il exerce sur elle.

Plus les mois passent, plus Isabelle a du mal à tenir. Désormais, la violence verbale s'est muée en violence physique : coups de poing sur son bureau, jets de dossier à travers la pièce, insultes vociférées en réunion. La spirale est inexorable. Isabelle va finir par flancher. Un dimanche, son supérieur se rend à son domicile, pour l'obliger à travailler car, lui dit-il, « nous sommes en retard sur de nombreux dossiers ». Le lendemain, alors que son état de fatigue est dramatique, il lui impose d'honorer avec lui un rendez-vous professionnel. Le soir même, elle est admise à l'hôpital psychiatrique. Burn-out.

À cette étape de ma carrière d'avocate, je n'ai encore jamais rien vu de tel. Comment le travail peut-il conduire une femme à cet état ? Comment peut-elle se sentir « nulle » malgré un parcours aussi prestigieux ? Si une cadre comme Isabelle explose en vol de cette façon, qui est à l'abri ? Suis-je moi-même à l'abri ? Et surtout, pourquoi est-il plus rare que mes clients masculins souffrent d'une telle emprise ? Côtoyer le désespoir d'Isabelle m'a convaincue de ne plus défendre que des salarié·es victimes d'injustice. En particulier liée au genre. Tant les injustices au travail frappent durement les femmes, souvent plus précaires que les hommes, du fait de leur charge de famille, de leur exposition plus importante aux discriminations et au harcèlement.

Cette histoire a réveillé en moi une forme d'inquiétude, mais également de colère. Colère car j'ai compris à quel point le travail pouvait être dévastateur et absorber toute la vie de personnes maltraitées dans ce cadre. Colère parce que j'ai compris que ni l'entreprise ni la justice ne protégeaient correctement les salariés harcelés. Colère parce qu'il me semblait dingue qu'une personne aussi solide intellectuellement puisse être à ce point détruite. Colère face à l'inertie du système, colère contre mes propres limites en tant qu'avocate. Colère parce que, aussi bien que je fasse mon travail, réparer les dégâts est parfois impossible. Colère enfin parce que ces histoires, celle d'Isabelle comme de toutes les autres, vous auriez pu ne jamais en entendre parler. Ici, le prénom de la victime a été modifié, le nom de l'entreprise caché. Le silence de cette salariée a été mis à prix. Un accord transactionnel généreux a été signé entre les deux parties, en échange d'une clause de confidentialité. L'employeur ayant versé une indemnité transactionnelle, la salariée a abandonné les poursuites.

Ce qu'il s'est passé, c'est que nous avons été obligées, du fait de l'état de santé d'Isabelle, de négocier son départ. Pourtant, l'avocat de l'entreprise s'est montré particulièrement odieux. Il a d'abord axé son argumentation sur le caractère prétendument « personnel » des « problèmes psychologiques » de ma cliente. C'était avant qu'il ne la rencontre. Devant la gravité de sa dépression, et il est ensuite revenu vers nous avec une proposition intéressante. Au téléphone, j'ai entendu Isabelle reprendre espoir… Jusqu'à ce que mon confrère me rappelle, pour m'avouer que, tout compte fait, le montant avancé était beaucoup trop élevé. Il se rétractait.

Dans les mois qui suivirent, le mari d'Isabelle a demandé le divorce. Elle a perdu la garde de ses enfants, dont elle n'était plus en état de s'occuper après un nouveau séjour en hôpital psychiatrique. De mon côté, pas question de rester sur un échec : j'ai travaillé le dossier, fouillé dans les SMS de ma cliente, interrogé ses ex-collègues, qui l'admiraient unanimement pour son excellence. Lorsque j'ai disposé d'assez d'éléments, j'ai menacé la partie adverse d'engager une action en justice, et même d'informer la presse, si les négociations ne reprenaient pas. Alors, le grand groupe qui employait Isabelle a plié. Il lui a finalement versé trois ans de salaire, outre ses indemnités légales, soit deux fois plus que ce qu'elle aurait pu obtenir devant une juridiction. Il m'est toutefois resté un sentiment de frustration. Impossible de me satisfaire de ce résultat. Cette affaire avait démoli Isabelle. Elle avait obtenu un certain prix pour son silence, mais sa santé restait dégradée, et sa vie de famille était ruinée.

Sur les centaines de dossiers passés entre mes mains depuis treize ans, j'ai pu observer les embûches que rencontrent spécifiquement les femmes à toutes les étapes de leur carrière, de l'entrée dans le monde du travail à la retraite. Maternité, inégalité salariale souvent, harcèlement parfois, nombre de travailleuses sont rattrapées par leur genre. Beaucoup ne peuvent qu'accepter ces injustices, taisant leurs reproches, intériorisant leur honte. Elles se posent cent fois la question de leur propre responsabilité, hésitent, ne bronchent pas, victimes des normes sociales. On leur a appris à se conformer aux attentes, à être de bonnes élèves. Il faut souffrir, quand on est une femme, pour réussir et obtenir le Graal : la reconnaissance. On doit faire sa place malgré les obstacles. Les femmes ont beau aujourd'hui représenter la moitié du marché du travail, les discriminations persistent. Qu'elles soient ouvrières, techniciennes ou cadres dirigeantes, elles rencontrent bien plus de difficultés que les hommes.

Selon une enquête à large échelle de l'Organisation internationale du travail[1], les femmes risquent davantage d'être confrontées à la violence et au harcèlement dans le monde professionnel, et les jeunes femmes sont deux fois plus susceptibles que les jeunes hommes d'être victimes de violence et de harcèlement d'ordre sexuel. Et seulement 4 % des femmes victimes de harcèlement portent plainte, par peur de conséquences sur leur réputation, ou par crainte de perdre leur temps.

---

1. « Données d'expérience sur la violence et le harcèlement au travail : première enquête mondiale », décembre 2022. (*Toutes les notes sont de l'autrice.*)

Je ne plaide que 20 % de mes dossiers devant les conseils de prud'hommes ; la proportion est encore plus faible quand il s'agit de harcèlement sexuel. La raison est simple : les entreprises craignent souvent pour leur réputation et n'hésitent pas à faire un chèque à la victime présumée plutôt que de s'engager dans un procès sous l'œil des médias. Je suis donc une vendeuse de silence. La plupart du temps, celui d'une cliente qui veut tourner la page, éviter qu'on la « pourrisse » dans son secteur d'activité. Elle préfère passer à autre chose, à un nouvel emploi, *s'estimant heureuse* d'obtenir un peu plus que ce qu'elle aurait dû recevoir devant une juridiction. Un accord transactionnel lui offre du temps pour se reconstruire. Lorsqu'une salariée vient me voir, elle est souvent en arrêt maladie, ou déjà licenciée. En général, elle est épuisée. Elle n'est pas forcément prête à lutter.

Si je suis une vendeuse de silence, c'est aussi parce que la justice dysfonctionne. Un salarié n'a plus que douze mois pour contester un licenciement, contre deux années auparavant. En décembre 2023, le ministre de l'Économie a annoncé son intention de réduire drastiquement ce délai, à deux mois. Il faut attendre une ou deux années avant d'espérer passer devant le conseil de prud'hommes. Ajoutez deux ans de plus pour l'appel et une condamnation définitive. La perspective d'un jugement qui n'intervient pas avant plusieurs années, pour encaisser une somme que j'estime dérisoire au regard du préjudice subi, est particulièrement décourageante. Tandis qu'une issue amiable, faite d'échanges plus ou moins faciles avec l'avocat de l'employeur, prend généralement trois à six mois. Entre 2010 et 2021, le nombre de nouveaux dossiers aux prud'hommes a été divisé par deux. S'il y a moins de procès, il y a moins de condamnations, donc moins de jurisprudence sur les inégalités femmes-hommes. Le cercle est vicieux…

Sans aucun doute, je ne vois passer que les pires cas. Et j'espère bien que certaines entreprises s'améliorent. Mais même si j'ai longtemps préféré me convaincre que jamais je ne pourrais me battre pour toutes les victimes, j'essaie d'en défendre le plus grand nombre. Notamment depuis la création de mon cabinet, il y a quelques années. Avec mes collaborateurs, dans une perspective militante, nous acceptons toutes les affaires de discrimination sexiste et de harcèlement sexuel. Les dossiers s'empilent, nous négocions, les employeurs signent des chèques. Je défends des salariées, mais est-ce que je défends la cause des femmes ?

En 2020, les choses se sont accélérées. J'ai suivi l'explosion des comptes Instagram @balancetonagency et @balancetastartup, qui ont relayé des centaines de témoignages de harcèlement quotidien en entreprise, en particulier envers les femmes. Un électrochoc, pour moi. Le sujet des violences au travail n'était quasiment pas traité par les médias, à l'époque. La fondatrice de

@balancetonagency, Anne Boistard, m'a contactée après que j'ai « liké » une de ses publications. Très stressée, elle commençait à recevoir des menaces et avait besoin de conseils. Je l'ai trouvée d'un courage incroyable. Elle acceptait tous les risques, dont celui d'être « flinguée » professionnellement, pour la cause des salariés.

Peu après, le président de l'Association des agences de conseil en communication a été dénoncé sur @BTA pour des comportements sexistes et sexuels inacceptables. Même si les faits étaient prescrits, cet homme a dû démissionner de son mandat. En réaction, son épouse a posté un message public sur Facebook pour le soutenir, reprochant aux femmes qui l'avaient dénoncé anonymement leur « manque de courage ». Mon sang n'a fait qu'un tour. J'ai répondu.

« Selon vous, ai-je écrit, les victimes qui ont témoigné anonymement sur le compte Balance ton agency manqueraient de courage et réaliseraient une chasse aux sorcières morale dans le milieu de la pub. Votre argumentation repose sur le postulat que les victimes peuvent être entendues, et que l'anonymat, de ce fait, serait lâcheté. C'est nier le rapport de force employeur/salarié en faveur des agences, et la notion de dépendance économique. Or, cela change tout.

J'aimerais vous parler des victimes, dont certaines sont mes clientes, et de leur parcours, pour vous aider à les comprendre.

Elles arrivent pour un premier rendez-vous en ayant l'impression qu'aucune échappatoire n'est possible : dépendance économique renforcée par la crise actuelle, elles n'ont pas les moyens de démissionner mais leur situation de travail les rend malades. Elles se perdent : confiance en elle niveau zéro, vie privée impactée, elles n'arrivent même plus à réaliser leurs missions correctement, et ont une trouille bleue du licenciement. [...]

Beaucoup tombent malades : burn-out, syndrome dépressif réactionnel et j'en passe.

Souvent il y a peu de preuves, tout se passe à l'oral. Parfois un commencement de preuve. Elles ne sont pas informées de leurs droits et de leurs moyens d'action. Elles ont l'impression qu'avoir un métier créatif, dans un milieu qui fait rêver, légitime ce qu'elles subissent. Ou pire, qu'elles sont nulles de ne plus tenir le coup.

[...] Beaucoup, en cas de recours, se voient menacé·es d'être détruit·es dans le milieu de la pub, de ne plus jamais pouvoir trouver un emploi. [...] Les victimes subissent.

Mon métier est alors de les accompagner avec bienveillance, de les coacher, et de les aider à constituer un dossier pour se protéger et pouvoir se défendre en cas de licenciement ou lorsqu'elles auront trouvé une issue, qui est souvent une négociation de départ. [...] Cela pousse à transiger. Sauf que justice n'est pas faite. Le management de l'entreprise ne bouge pas, et mes clients muselés ne peuvent plus aider leurs anciens collègues. C'est frustrant et injuste, pour eux, pour les autres salariés et pour moi.

Je ne parle que des salariés accompagnés par un avocat, qui représentent malheureusement une minorité.

Beaucoup d'autres, à bout, sont heureux lorsqu'on leur octroie une rupture conventionnelle, générosité suprême de leur entreprise, avec rien d'autre que l'indemnité légale, pour sortir de leur enfer et toucher les indemnités chômage le temps de se remettre. Zéro réparation.

Voilà pourquoi l'anonymat est nécessaire : il est difficile aujourd'hui de garantir les droits des salariés en entreprise contre les violences au travail. L'entreprise domine le débat. Ce rapport de force, la jurisprudence sociale l'a qualifié de violence économique. [...]

C'est une bonne chose qu'enfin la parole des salariés soit libérée. Je me réjouis de la visibilité des violences au travail, indispensable à la construction d'un monde du travail égalitaire et sain.

Je comprends votre douleur dans votre épreuve privée, mais elle ne justifie pas la médiatisation d'une vision partiale et déconnectée des situations vécues par les victimes. »

Cette réponse a été partagée sur @BTA, et nous nous sommes toutes et tous interrogés sur ce que nous pourrions faire de constructif à partir de ce compte, pour lutter contre le harcèlement – celui que subissent à la fois les femmes et les hommes. Nous avons essayé les fiches pratiques, sans succès, puis les vidéos, mais nous manquions de temps et de financements. Anne Boistard m'a alors proposé de faire un *live*. Je ne savais pas du tout en quoi cela consistait, mais j'ai dit oui, car j'aimais l'idée d'un accès au droit sur les réseaux pour les salariés qui n'ont pas forcément accès à un avocat, en particulier les jeunes. Si le droit du travail ne me semblait pas une thématique très attractive, ce fut un succès immédiat. Les abonnés d'Anne en ont redemandé, ce qui a engendré un *live* hebdomadaire, avec chaque semaine plus de succès et de followers. J'ai ainsi répondu aux questions de salariés – majoritairement des femmes – désarmés, qui se mettaient juste à réaliser que leur entreprise ne respectait pas le droit du travail, ou couvrait des pratiques dignes des années 1960.

Je n'avais pas du tout anticipé les conséquences de ces *lives*. En réalité, j'étais devenue le visage de ces comptes. J'ai commencé à avoir des *haters*, à recevoir des insultes.

Alors, j'ai eu envie de taper encore plus fort. J'ai d'abord publié en 2021 un *Manuel contre le harcèlement au travail*. Ce premier livre était un moyen de donner des armes aux salarié·es, des outils techniques, dans l'objectif de les aider à obtenir une meilleure indemnisation de leur préjudice et maximiser leurs chances de gagner devant une juridiction. Mon nouveau livre, *Ça commence avec la boule au ventre*, est beaucoup plus personnel. J'y raconte le quotidien de mon cabinet : la rencontre de femmes maltraitées par le monde du travail à chaque étape de leur carrière. Autant d'histoires, avec leur résonance dans nos vies d'avocates et d'avocats, qui me semblent utiles pour sensibiliser aux inégalités persistantes d'une société restée patriarcale. Mon prisme est particulier, je ne vois que ce qui va mal. On ne me contacte évidemment pas lorsqu'une entreprise est respectueuse du droit du travail. Mais je constate une augmentation massive des dossiers douloureux, ce qui m'inquiète.

Malgré des avancées notables – comme l'index d'égalité entre les femmes et les hommes (Index de l'égalité professionnelle), ou la loi « Rixain » du 29 décembre 2021, qui crée une obligation de représentation équilibrée entre les femmes et les hommes parmi les cadres dirigeants et les membres des instances dirigeantes de grandes entreprises, ou encore les élargissements successifs des définitions juridiques du harcèlement –, les dispositifs pour protéger les femmes demeurent insuffisants. Et dans un protocole transactionnel, rien ne mentionne une quelconque responsabilité. Rien ne change, pour les victimes. Que leur affaire se termine à l'amiable ou devant une juridiction, nombre d'entre elles sont inconsolables. Leur santé et leur carrière resteront marquées par cet épisode douloureux. Ils ou elles ne pourront plus témoigner contre leur entreprise.

Il est inadmissible, aujourd'hui, de continuer à se taire et à culpabiliser lorsqu'un supérieur se permet des remarques odieuses. Il est inadmissible d'entendre une « référente harcèlement sexuel » inviter une salariée à ne plus porter de jupes alors qu'elle est l'objet d'un harcèlement de groupe et qu'un collègue lui a dit, je cite : « Tu as raison d'avoir peur, je suis un violeur récidiviste. » Il est inadmissible de redouter de ne pas être crue si l'on parle.

Aujourd'hui, je veux rendre justice à celles qui souffrent encore d'être des femmes en entreprise, pour leur rappeler que ce sont elles les victimes. En racontant les coulisses de ces histoires qui font mon quotidien d'avocate, j'entends retracer le parcours d'obstacles et d'embûches – quand ce n'est pas d'épreuves – auxquelles les femmes font face, la boule au ventre, jusqu'à ce que leur corps craque. Lorsqu'elles osent dénoncer ce qu'elles vivent, elles sont aussi, la plupart du temps, renvoyées au silence. Un silence que je lève avec ce livre.

Mais tu te prends pour qui, au juste ?

J'ai grandi à Strasbourg, élevée par une mère institutrice en maternelle, un père directeur d'une association dans le secteur du tourisme. Nul juriste dans ma famille, mais depuis mes 5, 6 ans, j'ai voulu faire du droit. Tous mes jeux d'enfant tournaient autour de tribunaux, de procès, de prisons. Je ne me suis jamais vraiment posé de questions d'orientation, même si j'ai parfois été attirée par la musique. Diplômée du conservatoire, j'étais fascinée par la mise en scène d'opéra, ainsi que la direction d'orchestre. Mais je n'étais certainement pas assez douée pour cela, si bien que le droit s'est imposé.

Enfant et ado, j'étais plutôt du style déléguée de classe, de toutes les manifestations, justicière. J'ai toujours été une révoltée. Mes parents parlaient beaucoup de politique et j'ai été élevée dans un milieu très concerné par la lutte contre les inégalités sociales. Lorsque j'étais en CM1, mon père a vécu une période de chômage, qui m'a beaucoup préoccupée et que je trouvais très injuste. Le droit du travail aurait pu s'imposer dès ce moment, mais je n'avais pas encore la notion des différentes matières juridiques. Si, enfant, j'étais une lectrice compulsive de tout ce qui touchait à la justice, ce que je pouvais en lire concernait surtout le droit pénal, les affaires criminelles.

À la fac, j'ai fait du droit public et j'aimais beaucoup le droit pénal, mais c'est en stage d'école d'avocats que j'ai pratiqué le droit du travail. Par hasard. En fin d'études, j'ai pris le premier stage disponible en droit du travail. J'ai tout de suite aimé cette matière que je n'avais jamais étudiée à l'université : technique, politique, sociétale, avec une procédure orale, donc des plaidoiries. Et cela résonnait avec mon envie de porter un contentieux à dimension politique.

Ma première expérience en tant que jeune stagiaire, dans le cabinet d'une avocate qui exerçait seule, s'est pourtant mal passée. Dès le départ, j'ai compris que quelque chose n'allait pas du tout, chez ma maître de stage. Non seulement elle faisait travailler son équipe (une assistante à mi-temps et deux stagiaires) non-stop, soirs et week-ends compris, mais elle nous terrorisait. Une juriste stagiaire de son cabinet avait été licenciée – « virée » serait un terme plus exact – pour des broutilles, façon exécution publique. Laurence défendait avant tout les employeurs ; j'ai vite préféré me consacrer aux salariés. En fin de stage, j'ai voulu enchaîner sur une première collaboration après l'obtention du CAPA (certificat d'aptitude à la profession d'avocat). Sans réseau à Paris, j'étais prête à continuer au sein de ce même cabinet. Je voulais me former et avoir suffisamment d'expérience pour pouvoir prétendre à une place dans un cabinet plus respectueux de ses collaborateurs… Il était possible de prolonger son stage, en juin, à l'issue des épreuves permettant d'obtenir le CAPA. C'est ce qui fut décidé avec ma maître de stage : Laurence souhaitait m'embaucher après mon diplôme d'avocate.

Je n'en ai pas eu le temps. Tombée malade lors de mes vacances à l'étranger, j'ai prévenu le dimanche soir que je ne pouvais revenir travailler le lendemain. Pas de réponse. Le lundi, un médecin me prescrivait dix jours d'arrêt. Anxieuse, je suis retournée au cabinet le mardi. Ma maître de stage s'est mise à hurler. Quel que soit mon état, je devais venir travailler. C'était à elle de décider s'il fallait consulter un médecin ou non… Choquée, je lui ai tendu mon arrêt de travail. Re-hurlements : « Vous êtes complètement stupide, vous faites du droit du travail et vous me présentez un arrêt ? » Elle sous-entendait que sa responsabilité pouvait être engagée si elle me forçait à rester travailler. Car l'employeur a l'obligation de préserver la santé et la sécurité au travail et ne peut pas imposer à un salarié de travailler s'il est en arrêt. J'avais tort de mettre en pratique ce que j'avais appris… Huit jours plus tard, j'étais virée à mon tour, au motif que j'avais voulu « prolonger mes vacances ». Cela ne s'est pas arrêté là. Laurence a essayé de me poursuivre en disciplinaire pour que je n'obtienne pas mon diplôme d'avocate. Heureusement, l'école d'avocats m'a soutenue. Et c'est elle qui a ensuite reçu l'interdiction de recruter des stagiaires.

Choquée, je n'avais plus envie d'exercer. Mais de précieux amis ont « spammé » partout mon CV, et j'ai fini par décrocher un entretien dans un cabinet parisien en droit du travail. Ce jour-là, baissant les yeux sur mon pantalon, l'avocat fondateur m'a expliqué que, chez lui, les avocates devaient être en jupe. J'ai immédiatement coupé court, lui expliquant que jamais je ne laisserais un patron m'imposer pareille règle. Décidément, j'étais tombée dans un milieu de grands malades… Mais j'ai persévéré. Et cela m'a forgée pour accompagner mes clients dans des situations de violences au travail.

Ensuite, la chance m'a enfin souri. J'ai passé un premier entretien dans un cabinet d'avocats. Évidemment, on m'a demandé comment s'était déroulé mon stage de fin d'études. J'ai choisi de ne pas mentir et de raconter ce qui m'était arrivé. Malgré cela, les trois associés n'ont pas hésité à me faire passer un second entretien, assorti d'un test technique. Puis j'ai été embauchée.

J'ai adoré travailler dans ce cabinet, très familial, assez politisé, où chaque collaborateur était respecté et comptait. Le midi, nous déjeunions tous ensemble. On riait beaucoup. Mon patron, Thierry, était à la fois généreux et bienveillant. Très accessible, il avait à cœur de former ses jeunes recrues, dans la confiance et non la défiance. L'ambiance était agréable. Pas de nocturnes ou de travail le week-end. Le temps libre de chacun était respecté. J'ai réalisé que l'on pouvait être avocate et avoir une vie équilibrée. Je découvrais la meilleure facette de la profession. Signer dans ce cabinet mon premier contrat de collaboration à durée indéterminée fut une grande chance. Auprès d'eux, comme dans un cocon, j'ai pu me former et devenir l'avocate que je suis aujourd'hui. J'ai appris à être débrouillarde, stratège, rigoureuse. C'était le cabinet parfait pour se former, et j'essaie de reproduire cette ambiance au sein de ma propre structure.

Je ne serai pas la seule jeune avocate à vivre les mêmes débuts difficiles. Chloé, une de mes futures collaboratrices, me racontera son propre parcours. À la fin du lycée, ne pouvant plus rester chez ses parents, elle a dû travailler en tant que caissière, à Paris, pour une grande enseigne de vêtements. Ses conditions de travail étaient particulièrement ardues : surveillance excessive, refus de congés, intimidations… Problème, elle ne connaissait pas ses droits. Puis elle est allée s'inscrire en droit, à la fac de Nanterre, un peu par hasard. En troisième année de licence, le droit du travail a été pour elle une révélation. Sa pénible découverte de l'entreprise avait certainement dû jouer.

Comme moi, Chloé avait été écœurée par son entrée dans le monde du travail. Nous avons heureusement l'une comme l'autre vite mis derrière nous cette première expérience. Mais les dossiers que nous traiterions ensuite nous rappelleraient sa dure réalité.

L'un d'entre eux, qui concerne une jeune salariée, me semble particulièrement éclairant.

Emmanuelle – appelons-la ainsi – me suivait activement sur les réseaux sociaux. Un jour, elle m'a envoyé un message sur Instagram, avec son numéro. Au téléphone, elle m'a raconté son histoire. En voici un aperçu.

« Mais tu te prends pour qui, au juste ? », lui avait lancé le directeur de l'association dans laquelle elle travaillait. Des mots reçus en pleine figure, qui ont longtemps résonné. Son début de carrière idéal s'était effondré en un claquement de doigts.

« Mais tu te prends pour qui, au juste ? » Ce jour-là, elle s'est remémoré en un éclair toutes les heures perdues à traverser la banlieue de Saint-Étienne en voiture, souvent à ses frais. Des heures de conduite pour se rendre dans l'urgence à une assemblée générale ou, au péril de sa vie de couple, pour représenter l'association lors d'un événement auquel n'avait pu assister son supérieur. Elle essayait de compter les belles soirées passées avec ses amis, les derniers mois : facile de se souvenir de toutes, tant elles étaient peu nombreuses. Elle était devenue pour certains, depuis quelque temps, un peu « chiante », celle « qui ne parle que de son boulot », « qui n'est jamais là ». Finir avant 21 heures en semaine représentait un authentique exploit, de même qu'avoir un week-end à elle. Pour rire, elle qualifiait son samedi de « vendredi bis ».

Jusqu'à ce jour, elle avait cependant gardé le sourire car elle se sentait utile. Elle avait intégré cette prestigieuse association cinq ans auparavant, en sortie de master d'école de commerce. Pas convaincue par les perspectives qui l'attendaient dans le luxe, le secteur de l'énergie ou des services, elle avait tenu à rejoindre un employeur reconnu pour ses engagements sociaux. Elle avait décidé de faire son stage de fin d'études de six mois dans cette association qui vient en aide aux plus démunis, en leur offrant notamment un accès aux loisirs et à la culture dans une vingtaine de grandes villes françaises. Brillante, elle s'était vu proposer un CDI en sortie de stage, et était vite devenue le pilier du bureau de Saint-Étienne. Au fil des mois, galvanisée par son boulot, elle avait accumulé petit à petit de multiples casquettes : gestion des événements, de la comptabilité, des réseaux sociaux... domaines dans lesquels l'antenne stéphanoise de l'organisation était tout sauf à la page. Entourée de jeunes collègues et de bénévoles, elle avait contribué à faire grimper de 50 %

le nombre de bénéficiaires des actions de l'association. Elle était devenue la salariée la plus expérimentée et la plus diplômée du bureau. Régulièrement remerciée sur le terrain et félicitée par ses managers, on l'avait encouragée à postuler à Lyon, où venait de se libérer le poste de directeur de centre. Le service RH lui avait notifié qu'elle était la seule candidate et que son jeune âge ne l'empêchait pas d'avoir toutes les qualités requises pour prendre les rênes de ce bureau. Après cet échange, l'officialisation de sa promotion avait attendu plusieurs mois, nécessitant des relances de sa part, mais elle entrevoyait le bout du tunnel, enfin.

C'est peu dire qu'elle attendait beaucoup de ce rendez-vous. Enfin, elle obtenait une reconnaissance à la hauteur de son investissement. Le directeur régional de l'organisation, qui était devenu un ami, lui avait demandé de formuler une proposition de rémunération. Le job déjà en poche, elle s'y rendait décontractée, excitée à l'idée de prendre seule la tête d'un site. Une semaine auparavant, sa nomination avait été annoncée à toute l'équipe, alors qu'elle n'avait pas encore signé son contrat.

Pour formuler ses prétentions, elle s'était renseignée avec soin. Elle avait notamment discuté avec Benjamin, son futur homologue marseillais – il faisait partie des anciens de son master. Autour d'un café, il lui avait dévoilé son salaire, qui l'avait surprise, tant l'écart avec le sien était conséquent. Mais après tout, elle avait deux ans d'expérience de moins, et peut-être avait-il fait un grand bond dans la grille lorsqu'il était devenu directeur de site ! C'est donc sans honte qu'elle s'est résolue, la veille du rendez-vous, à demander 400 euros brut de plus, pour atteindre le seuil symbolique de 2 500 euros net par mois. De toute façon, elle avait été promue trois fois en cinq ans sans glaner autre chose que les augmentations collectives. Et vu le nombre d'heures qu'elle effectuait, elle flirtait en réalité avec le Smic horaire... Il était temps de passer un cap.

Ce jour-là, la grimace du patron, qui écarquille les yeux en même temps qu'il fronce les sourcils, douche brutalement son enthousiasme.

« Écoute, je me doutais que tu demanderais un petit quelque chose en plus, mais pas à ce point ! Tu sais que l'asso vient de fermer trois antennes dans l'Est ?

– Oui, mais j'ai discuté avec Benjamin, et il m'a indiqué son salaire. J'avoue que ça m'a surprise, puisqu'on a quasiment le même âge, donc je me suis dit qu'il était temps que vous m'augmentiez significativement.

– Non, mais Benjamin, c'est pas pareil. T'as vu la zone qu'il couvre ? Et puis c'est quelqu'un de brillant.

– Je... Parce que moi je ne suis pas brillante du tout ? Et Lyon, c'est un village, peut-être ?

– Non, c'est pas ça, c'est juste que là on n'a pas les fonds, c'est tout. En plus c'est impossible, on a déjà annoncé ton arrivée à tout le monde. Donc, c'est bon, on va arrêter les caprices, et tu vas signer… Mais tu te prends pour qui, au juste ? »

Hagarde, après d'interminables secondes à ressasser ces cinq dernières années à la vitesse grand V, elle se lève sans rien dire et claque la porte, avec un mélange de dégoût et de colère.

Après une semaine de silence radio, les RH lui écrivent un mail d'une froideur nouvelle : « En refusant notre proposition de rémunération, il a été compris de notre côté que vous renonciez au poste. Ce dernier a été attribué à un autre candidat hier. » Trois jours plus tard, profondément choquée, et surtout incapable de garder le sommeil, elle est mise en arrêt maladie par un médecin. Elle ne peut plus continuer à tenir le rythme soutenu qu'elle s'est imposé depuis la fin de ses études. Quelque chose s'est brisé, on a trahi sa confiance. Son médecin expliquera son épuisement par un « syndrome anxio-dépressif réactionnel », lui prescrivant des médicaments. Après trois mois d'arrêt maladie, à tourner en boucle, à chercher désespérément à comprendre ce qu'elle avait pu faire pour mériter un tel mépris, elle finit par démissionner.

Dès son début de carrière, Emmanuelle a été victime d'un écart de salaire injustifié. J'ai vite compris pourquoi quand nous nous sommes rencontrées. Comme tant d'autres jeunes femmes qui entrent dans le monde du travail, elle n'a pas négocié son salaire à l'embauche. « J'ai découvert mon salaire sur ma première fiche de paie, m'a-t-elle dit, à vrai dire on n'en avait même pas parlé à la fin de mon stage. Moi, j'étais déjà contente de gagner plus que les 600 euros d'indemnité légale. » Plusieurs années après, elle justifiait toujours son bas salaire par les faibles fonds dont disposait la structure… Et puis, elle me lança cette autre phrase, si symptomatique : « De toute façon, je n'étais pas là pour l'argent. »

Même si ces situations font partie de mon quotidien d'avocate, je reste révoltée par ce qu'elles induisent du rapport des femmes à l'argent dans la société. De nombreux dossiers de négociation concernent des inégalités de rémunération. Il nous arrive fréquemment de démontrer qu'elles sont liées à des discriminations en raison du genre. L'argent est aujourd'hui encore le nerf de la guerre, la mère des discriminations à l'embauche et pendant toute la carrière. Constat sans appel : en 2022, d'après l'Insee, les femmes travaillant dans le privé gagnaient en moyenne 22,3 % de moins que les hommes (tous postes confondus). Les premières ont également moins souvent accès aux postes les mieux payés et œuvrent dans des entreprises et secteurs d'activité moins rémunérateurs. Chez les cadres aussi, à profil et poste équivalents, un écart salarial de 7 % persiste[1].

1. Baromètre Apec 2023 de la rémunération des cadres.

Pire, un an après la fin de leur formation, les jeunes diplômés de niveau bac+5 et plus ont une rémunération annuelle médiane de 34 000 euros pour les hommes, contre 28 500 euros pour les femmes[1]. L'inégalité de genre est déjà colossale d'emblée, comme une forme de pénalité sur la ligne de départ… Certes, cet écart tend à se réduire depuis quelques années, mais force est d'admettre que l'égalité salariale n'est pas encore atteinte. Et les femmes qui osent demander réparation sont souvent obligées de négocier leur départ, tant cela est mal vu dans leur entreprise.

Le salaire n'est pas tout, bien sûr. Après l'entrée dans le monde professionnel, les premiers préjugés de genre s'ajoutent aux petites remarques de tous les jours. Et sur ce plan, les biais cognitifs et les stéréotypes concernent aussi bien les hommes que les femmes. C'est ce qu'a étudié l'équipe de Violetta Zujovic, chercheuse en neurosciences à l'Institut national de la santé et de la recherche médicale (INSERM). Ses travaux montrent que l'incitation au changement doit d'abord passer par notre capacité à reconnaître les préjugés inconscients que nous perpétuons et transmettons. Il s'agit ensuite de former les managers et de sensibiliser l'ensemble

1. Selon une enquête publiée par l'Association pour l'emploi des cadres (APEC) en avril 2023.

des salariés aux différences de traitement entre femmes et hommes, et au sexisme du quotidien.

Reste qu'en tant que femmes, nos automatismes cérébraux nous catégorisent dans des rôles spécifiques. Il est alors compliqué de se projeter sur le type de poste que l'on associe traditionnellement aux hommes, aux « costume-cravate ». Comment faire pour qu'il ne soit plus attendu d'une femme qu'elle s'empare de caractères « masculins » (assurance, charisme, voix grave) si elle souhaite accéder à des postes de direction ? Sans, en même temps, être « trop masculine », car cela n'irait pas non plus…

Un jour d'audience, mon équipe et moi avons vécu un moment en résonance avec ce que subissent nombre de jeunes travailleuses. Ma collaboratrice Chloé, qui plaidait, n'a pas été prise au sérieux par le conseiller prud'homal, qui lui a demandé de formuler ses demandes… par cœur et à l'envers, alors que cela n'a évidemment aucun sens. Cela semblait l'amuser. C'était comme se moquer d'une enfant convoquée au tableau pour sa récitation. Nous n'avons pas trouvé ça drôle. Les hommes, même très jeunes, dans beaucoup de milieux, se voient attribuer un leadership et un charisme innés. Nous, jeunes avocates, aurions une voix trop aiguë pour être prises au sérieux. Une croyance encore si bien ancrée qu'il arrive que nos propres clients demandent que ce soit plutôt un homme ou une femme seniore qui plaide. D'autres exemples ? Les confrères ou personnels de justice qui vous appellent « mademoiselle » alors que vous êtes avocate. Ou ce sont les avocats, hommes comme femmes d'ailleurs, qui vous écrivent « cher confrère », alors que le guide des bonnes pratiques du barreau préconise plutôt « chère consœur ». Sans compter ceux qui vous proposent de prendre un verre…

La réalité des entretiens d'embauche, telle qu'elle remonte jusqu'à notre cabinet d'avocats, charrie toutes ces petites phrases que l'on ne connaît que trop bien : « Vous portez une alliance, vous êtes mariée ? » « Il faudrait mettre une jupe et des talons. » « Vous avez des enfants, ou un projet d'enfant ? » « Quel est votre mode de garde ? » Pour les femmes, une occasion supplémentaire d'être ramenées à leur genre. Un recruteur n'est pourtant pas en droit de demander d'informations sur sa vie privée à une candidate en vue d'évaluer ses capacités à occuper un emploi. Malheureusement, faute de preuve de non-recrutement, il est quasi impossible d'établir une discrimination à l'embauche sur le fondement du genre, même si cela existe encore. De même pour les discriminations en raison de l'origine, ou de l'orientation sexuelle.

Cette multitude d'exemples vient trop souvent rappeler que le succès des femmes grâce à leurs compétences professionnelles relève de l'anomalie. Lors d'un cocktail, un avocat m'a demandé avec qui j'avais couché pour en arriver là… Un autre s'est étonné que je compte des cadres dirigeants prestigieux parmi mes clients, et que je ne travaille pas « seulement pour des femmes ». Un troisième m'a dit que les médias et les followers sur LinkedIn accouraient en masse car j'étais une jeune femme, donc plus attirante.

Il est vrai que si personne ne m'a dit aussi clairement qu'à Emmanuelle cette phrase lapidaire, « Mais tu prends pour qui, au juste ? », je l'ai lue plusieurs fois dans les regards de certains de mes interlocuteurs.

Ma boss nous parle comme à des esclaves

Sexisme, discriminations ordinaires envers les femmes… Toutes ces situations, j'ai pu les rencontrer dans mon métier. Les exemples sont innombrables. Sur la tenue des femmes, ces remarques qui la plupart du temps se veulent « bienveillantes ». Et ces blagues qui n'ont pas changé depuis les années 1960… Ou encore ces incivilités en réunion, lorsque par exemple un collègue masculin vous reprend avec suffisance, et lorsqu'on vous coupe continuellement la parole… Un chiffre ? Selon le baromètre 2023 du collectif #StOpE (Stop au Sexisme dit Ordinaire en Entreprise), six femmes sur dix ont déjà entendu des propos dégradants fondés sur des représentations stéréotypées de la féminité.

En début de carrière, le sexisme ordinaire, qui consiste à rappeler au quotidien la « supériorité » du sexe masculin, est le terreau de toutes les violences sexistes et sexuelles. Il casse les ambitions car non seulement il exclut les femmes mais il les pousse aussi à se censurer. Si ses manifestations peuvent encore paraître légères, elles sont à la longue toujours délétères.

Selon le Haut Conseil à l'égalité entre les femmes et les hommes (HCE), le sexisme ordinaire contribue à consolider l'entre-soi masculin tout en entretenant un climat d'hostilité entre femmes. L'institution rappelait, dans son état des lieux en 2019, que « les actes sexistes sont massivement commis par des hommes contre des femmes – voire quasi exclusivement dans certains cas –, qu'il s'agisse d'actes discriminants, humiliants, menaçants, violents. Toutes infractions pénales confondues, 89 % des victimes d'actes sexistes sont des femmes et 91 % des mis en cause sont des hommes. » Certes, l'employeur a pour obligation de prendre toutes les mesures nécessaires afin de prévenir les agissements sexistes. La législation ne détaille cependant pas les contours ni les moyens que l'entreprise doit mettre en œuvre. L'article L. 1153-1 du Code du travail dispose qu'aucun·e salarié·e ne doit subir des faits « de harcèlement sexuel, constitué par des propos ou comportements à connotation sexuelle ou sexiste répétés qui soit portent atteinte à sa dignité en raison de leur caractère dégradant ou humiliant, soit créent à son encontre une situation intimidante, hostile ou offensante ».

Dans l'histoire qui suit, on ne peut pas dire que l'employeur protège ses jeunes salariées. Et pourtant, ici, c'est bien une femme qui est aux manettes. Ou comment peuvent se cumuler précarité, sexisme ordinaire, harcèlement et méconnaissance du droit du travail.

J'ai pris l'habitude des rencontres impromptues, me transformant parfois en « bureau des plaintes » lorsque je suis identifiée comme avocate en droit du travail. À l'occasion d'un dîner, d'une fête, d'un cocktail, au gré d'un échange avec une maquilleuse ou un technicien de plateau de télévision, voire à la terrasse d'un café ou dans les transports en commun…

Ici, il est question d'un salon de massage.

Il y a quelques années, une cliente m'offre un soin pour mon anniversaire, histoire de m'aider à décompresser au cœur d'une série d'affaires stressantes.

Je vais y passer un bon moment. Avec la jeune femme qui m'accueille, nous parlons de tout et de rien. Soudain, la patronne fait irruption et hurle sur son employée : « Yasmine ! Pourquoi on a trois clientes de prévues à 11 heures ? On est deux, ça va pas le faire ! Qu'est-ce que t'as fabriqué, encore ? T'es chiante, toi ! » J'en sursaute. La patronne s'excuse et s'éclipse. Aussitôt, la jeune masseuse vide son sac.

« C'est pas possible ce qui se passe ici. Elle est complètement folle.

– Euh… Qu'est-ce qui vous fait dire ça ? Ça fait longtemps que vous travaillez dans ce salon ?

– Deux ans. Franchement, on vit l'enfer, avec mes collègues. On est toutes d'origine marocaine. Ma boss nous parle comme à des esclaves.

– Vous savez, je suis avocate… »

Sur ce, la jeune femme m'entraîne brièvement dans l'arrière-boutique. L'odeur est pestilentielle, digne d'un local poubelles. Autour du lavabo, les joints sont moisis, les murs suintent. C'est dans cette atmosphère humide que sont entassés au fond de la pièce les cartons de « produits de beauté ». J'apprendrai que l'endroit est infesté de rats.

La conversation se poursuit quelques jours plus tard, à mon cabinet. Nous décidons de nous occuper gratuitement du départ de Yasmine. Ses deux collègues, effrayées, ne veulent pas en entendre parler. Dans une très petite entreprise comme celle-ci, où la promiscuité est difficilement surmontable, une relation tendue avec son supérieur hiérarchique peut rapidement tourner au vinaigre. Et tout se sait.

« On est obligées de faire avec ses crises, parfois violentes. » Lors de ses premiers mois au salon, Yasmine a pris l'exigence de cette femme comme un défi. La pression est constante, l'amplitude horaire considérable. Souvent, alors qu'elle a fait l'ouverture, à 8 heures, la jeune femme doit rester jusqu'à la fermeture malgré l'absence de rendez-vous, « au cas où quelqu'un voudrait être pris tout de suite ». Les journées débordent, la charge de travail se déporte sur les soirées et week-ends. La jeune masseuse me raconte qu'elle n'est informée de son planning, par message privé, que le soir pour le lendemain. Les salariées sont souvent appelées la veille de leurs jours de congés, qui sont décalés… et rarement rattrapés. Même les cinq semaines légales de repos ne sont pas intégralement prises. Sans compter les dimanches et jours fériés, hors contrat. Ce n'est rien d'autre que du travail dissimulé. La pause déjeuner est également virtuelle. Il s'agit d'être disponible en permanence, sans broncher. Les trois jeunes femmes n'ont pas fait valoir leurs droits.

Que l'on soit femme ou homme, la plongée dans le monde du travail peut être brutale, et source d'abus. Jouant de la méconnaissance par les salariés de leurs droits, les employeurs peuvent les inciter à effectuer plus que leurs heures, pour « faire leurs preuves ». Cet exemple en particulier témoigne de la faible capacité à se plaindre quand on est une femme, une femme jeune, et de surcroît issue d'un milieu moins favorisé. Le caractère genré de certains métiers précaires (santé, éducation, services à la personne) entraîne souvent des conditions de travail difficiles, et sous-estimées par rapport à certains métiers « masculins » (BTP, transport), où les conventions collectives sont généralement plus protectrices. Et dans la représentation sociale, ces métiers masculins sont « durs », alors que le secteur du *care* n'a pas cette réputation. Par ailleurs, le syndicalisme y est très peu présent. Les femmes sont enjointes d'accepter ces conditions plus difficiles. « Les personnes travaillant dans les métiers à prédominance féminine semblent particulièrement exposées à ces atteintes aux droits, pointe dans son baromètre 2022 le Défenseur des droits, institution notable dans la lutte contre les discriminations. Il existe une étroite relation entre conditions de travail, précarité sociale et discriminations : les conditions de travail difficiles et la sous-valorisation de ces métiers constituent un terrain propice aux discriminations, au harcèlement sexuel ou aux agressions sexuelles[1]. »

Outre ses exigences bien au-delà du cadre légal, la patronne de ce salon de massage humilie et rabaisse fréquemment son équipe. Comme j'ai pu le constater, Yasmine est souvent insultée, dévalorisée. Les critiques touchent parfois à son physique comme à sa tenue vestimentaire. Un matin d'été, elle est renvoyée à cause de son débardeur. « Il laisse trop voir tes seins. On dirait que tu vas faire le trottoir ou proposer des trucs tordus aux clients, alors tu rentres chez toi. » Quelques mois après, le pull d'une marque de sport qu'avait enfilé Yasmine ne convient pas non plus. Toisée de haut en

---

1. Le Défenseur des droits est malheureusement privé de moyens d'action rapide : en moyenne neuf mois pour instruire un dossier. Parfois, on ne le saisit pas, pour ne pas ralentir la procédure.

bas, elle s'entend reprocher : « Tu t'es crue dans ta chambre, ou quoi ? »

Pour justifier tel ou tel commentaire sur l'apparence, les employeurs invoquent souvent « les clients » ou « le public », avec ce genre de phrases : « Tu n'as pas l'air dynamique, cela ne donnera pas confiance aux clients », « Il vaut mieux que tu restes sur des tâches techniques, sans représentation ». J'ai même entendu rapporter un : « Il faut faire bander le client. » Critiquer le physique ou la tenue relève du sexisme ordinaire, un passage obligé pour les jeunes salariées en particulier. Et si Yasmine ne dit rien devant les remontrances de sa cheffe, elle est en premier lieu exposée aux commentaires des clients, ce qui est pire. Plusieurs fois, elle reçoit des compliments tendancieux d'hommes avec qui elle se trouve seule en cabine. On lui demande si elle offre des prestations « spéciales », comme nombre de salons de massage qui cachent une prostitution déguisée. Lorsqu'elle n'est pas confrontée au désir de certains, elle doit endurer des blagues ou des remarques ouvertement racistes. Double peine des femmes d'origine étrangère, davantage touchées par les discriminations en entreprise, selon l'Organisation internationale du travail.

Algérienne, la tenancière du salon doit elle aussi avoir l'habitude des commentaires racistes mais elle n'apporte pas une once de soutien à ses équipes. Elle insiste plutôt sur la qualité du travail à produire, même si le client est détestable. C'est d'ailleurs dans ce but que la société a fait installer des caméras de surveillance, afin que les salariées soient filmées pendant leurs heures de travail – pas d'information préalable ni de sollicitation de leur consentement, sans compter que le conjoint de la patronne, qui rôde souvent dans les parages, profite des clientes dénudées pour se rincer l'œil…

Bientôt s'y ajoutera un harcèlement sexuel de la part de certains clients. Malgré son caractère très affirmé, Yasmine n'a pas osé en parler lors de nos premiers échanges, mais le dossier prend peu à peu forme. À mesure que nous apprenons à nous connaître, il me faut reconstituer tout le parcours de la jeune femme, obtenir les preuves correspondant à ses allégations. Sans elles, nous ne pouvons rien.

Au moment de monter un dossier, les documents RH, ainsi que les messages reçus sur des outils professionnels, représentent une base solide. Comme Yasmine est encore dans l'entreprise, elle peut y accéder. Malheureusement, ici, ces éléments nous font défaut du fait même du manque de professionnalisme de la dirigeante. La jeune femme ne dispose que de huit bulletins de salaire pour vingt-sept mois travaillés.

La deuxième étape consiste à fouiller les différentes messageries, à la recherche d'éléments concordants. Lorsque la salariée est encore en poste, je l'encourage à susciter l'écrit de la part de sa hiérarchie. C'est-à-dire l'alerter sur une situation, ou de façon plus fine, se faire expliciter des points oraux par écrit. Par exemple, à la suite d'une réunion d'équipe dans laquelle il est précisé qu'une salariée doit être d'astreinte, en cas de rendez-vous non prévu, de 7 heures à 22 heures, indiquer par message ou mail « Est-ce bien tel jour que je suis d'astreinte ? » ou encore « Est-ce bien moi qui dois nettoyer tout le salon lundi soir de 19 h 30 à 20 h 30 ? ». Nous retrouvons bon nombre de SMS qui prouvent que Yasmine travaillait soirs et week-ends, sans que des heures supplémentaires ou majorées apparaissent sur ses rares fiches de paie. Sur le WhatsApp de l'entreprise, la dirigeante elle-même a attesté que Yasmine travaillait le soir, puisqu'elle a incité des collègues à prendre exemple sur elle. Nous retrouvons aussi les échanges sur le groupe WhatsApp de soutien créé par Yasmine et ses collègues dès le début de leurs relations de travail. Chacune y raconte ses mésaventures et son mal-être quotidien. Le tout pour un très bas salaire, les deux collègues de Yasmine étant en contrat de professionnalisation…

S'ajoute une mise en concurrence entre jeunes femmes, assez classique et souvent délétère, qui est le fait de leur patronne. Il n'est pas rare que les femmes soient victimes de violences au travail du fait d'autres femmes. Celles-ci ont en général intégré les codes du patriarcat pour « y arriver » et ne laissent rien passer aux plus jeunes, comme si la reproduction des violences et embûches qu'elles avaient vécues était un rite initiatique obligatoire, une sorte de formation pour intégrer une entreprise. La sororité est encore rare dans le monde du travail, parce que, à mon sens, la société nous formate à nous comparer, à être en compétition permanente. Et les discriminations font le reste : peu d'espace pour les femmes, les places sont donc chères.

Vient enfin la sollicitation des collègues, qui peuvent témoigner dans le dossier. Ici, il n'y a que ses deux camarades alternantes, lesquelles au départ ne veulent pas s'exprimer. Le statut d'emploi est d'ailleurs un facteur important de silence sur les conditions de travail : outre l'argument pécuniaire, embaucher des apprentis et prendre des stagiaires est un bon moyen de susciter leur dépassement de soi à moindres frais. Encore plus si ce sont des femmes. Les deux jeunes masseuses aimeraient bien obtenir un contrat à temps plein à la fin de leur formation, mais elles finissent par partir, rongées par le stress : pour toutes les deux, il s'agit d'une rupture amiable. Finalement, cela leur permet de témoigner dans notre requête aux prud'hommes…

Nous n'avons pas pu négocier le départ de ma cliente. Après deux ans à tenir, Yasmine n'a plus réussi à se lever pour aller au travail, et une psychologue a attesté que ses symptômes étaient « liés à un événement traumatique vécu sur son lieu de travail ». Elle a donc rompu son contrat par une prise d'acte. Il s'agit d'une décision du salarié ou de la salariée, la rupture de son contrat de travail lorsqu'il ou elle estime que le comportement de l'employeur rend impossible la poursuite de leur relation contractuelle. Deux semaines plus tard, la société notifie son licenciement à Yasmine, pour abandon de poste.

L'entreprise ne souhaite pas négocier. Nous allons donc en justice pour faire requalifier son départ en prise d'acte entraînant les conséquences d'un licenciement sans cause réelle et sérieuse. Persuadée que Yasmine a provoqué le départ des deux alternantes, la dirigeante fait pression sur d'anciennes salariées pour témoigner de façon mensongère à son égard. Place au procès.

Lorsque je plaide, je préfère que ma cliente soit présente à l'audience à mes côtés car c'est une étape importante. Mais parfois, quand c'est trop difficile à vivre, que je ne la sens pas capable de supporter la violence de la plaidoirie adverse, je lui propose de ne pas venir, et de la représenter seule. Devant le conseil de prud'hommes, juridiction paritaire composée de conseillers élus et bénévoles, non professionnels, deux d'entre eux représentent les intérêts des entreprises, et deux autres ceux des salariés.

L'audience commence par l'appel des causes, où l'on sait si le dossier va se plaider ou non. À Paris, toujours à 13 heures. C'est à ce moment-là que les parties peuvent demander un renvoi d'audience, si les écritures ont été communiquées tardivement, ou pas communiquées du tout. Évidemment, côté salariés, nous nous opposons quasi systématiquement à toute demande de renvoi. La justice est déjà lente, et mes clients ont besoin d'être indemnisés rapidement… Je préfère passer une nuit blanche à potasser les arguments adverses communiqués la veille plutôt que voir mes clients se prendre huit mois de délai de jugement en plus.

L'audience en elle-même est difficile à vivre pour les victimes. On attend son tour nerveusement, avec la partie adverse juste à côté. Toutes les affaires sont appelées à la même heure, ainsi on peut parfois plaider à 19 heures alors que l'on a été convoqué à 13 heures. Un de mes clients a craqué, une fois, et est allé insulter son patron dans le couloir… J'ai réussi à le calmer et à apaiser les choses, avec l'avocate adverse, mais la tension était à son comble.

Nous plaidons en robe d'avocat·e. Elle nous protège, et permet de se mettre directement dans son rôle de défense. J'aime porter ma robe, avec elle j'ai l'impression d'être capable de repousser mes limites. Toutefois, malgré des années de pratique, l'angoisse ne me lâche pas. Avant une audience, j'ai mal au ventre, des coups de chaud, je me demande pourquoi je fais ce métier, pourquoi je m'impose tout ce stress…

Puis c'est la plaidoirie. Rien n'est normé, parfois on nous laisse plaider trente minutes sans nous interrompre, d'autres jours c'est dix. J'ai ainsi toujours deux plaidoiries de prêtes. Une courte, une longue. Au cabinet, nous faisons appel à une coach en plaidoiries. Et nous les travaillons beaucoup : l'accroche, les phrases-chocs, les pièces capitales à mettre en avant… Tout est millimétré.

Yasmine a tenu à être présente à mes côtés. Elle était très stressée. Lorsque l'on est en demande, comme dans ce cas, on plaide en premier. Puis c'est la partie adverse, avec ses contre-arguments, parfois difficiles à entendre. Nous n'avons pas toujours la possibilité de répondre car le conseil de prud'hommes ne l'autorise pas systématiquement.

D'où des frustrations. Comme dans le cas de Yasmine, où l'avocate adverse a plaidé en se fondant sur de nombreuses inexactitudes, et de façon très humiliante pour ma cliente. Elle a cherché à s'appuyer sur une prétendue amitié entre ma cliente et sa patronne, parlant de « sororité »… Un comble. Et quant à la surveillance dans ce salon de massage, les caméras placées sans autorisation, elle a osé affirmer que les salariées étaient au courant, qu'elles avaient participé à leur installation.

Souvent, à la fin des plaidoiries, les conseillers posent des questions, aux avocats ou parfois aux parties. Ici, il n'y a eu qu'une question, sur cette caméra de surveillance. J'ai pris cela pour un bon signe, même si je sais qu'il faut se méfier des impressions d'audience. La première chose, pour moi, était d'entendre après l'audience que Yasmine s'était sentie bien défendue.

Nous perdons le procès de Yasmine en première instance, échouant à prouver le harcèlement moral dont elle était victime. Ce jour-là, le conseil de prud'hommes – qui est une commission paritaire, avec des représentants des entreprises et des salariés – était composé *uniquement* d'hommes. À mon sens, la parité dans la composition des instances de jugement serait protectrice de mes clientes femmes, qui peuvent être mieux comprises par des travailleuses ayant potentiellement rencontré les mêmes difficultés. Seul le non-respect de l'obligation de protéger la santé et la sécurité des salariés a été retenu, grâce aux photos prouvant l'insalubrité du lieu de travail.

La procédure en appel est toujours en cours. Nous sommes convaincues d'une future victoire devant un magistrat professionnel, tant les éléments du dossier nous semblent ahurissants.

Yasmine va mieux. Elle retravaille, dans un salon de beauté appartenant à une chaîne.

Peu de jeunes femmes en situation précaire osent aller consulter une avocate ou un avocat. Je récolte néanmoins de nombreuses questions et témoignages sur les réseaux sociaux.

Je me souviens de Noémie, qui venait de terminer sa formation en webmarketing. Elle avait trouvé un premier emploi dans une agence de communication parisienne, qui fonctionnait avec une quinzaine de collaborateurs. Il s'agissait d'un CDD. À l'issue du processus de recrutement, après lui avoir annoncé qu'elle avait obtenu le poste, le fondateur l'a appelée pour lui indiquer qu'il préférait « l'embaucher en free-lance », pour voir si elle faisait l'affaire, pendant quelques mois. N'y connaissant rien, et tellement heureuse d'avoir trouvé un job, Noémie accepte.

Free-lance, cela veut dire aucune garantie, pas de cotisations à ce qui était Pôle Emploi, et que son patron pouvait mettre fin à la relation à tout moment, sans préavis. Ce qui impliquait une quasi-impossibilité de louer un appartement, de contracter un prêt. Noémie enchaînait donc les sous-locations, les paiements de loyers en espèces, et avait très peur de perdre ce « client ».

Évidemment, son patron, en plus de détourner le droit du travail – car Noémie travaillait à temps plein et en exclusivité pour l'agence –, abusait de la situation. Cela durait depuis près de huit mois. Surcharge de travail, pressions sur les délais et les rendus, avec cette carotte d'un CDI « un jour, lorsque tu seras formée et que nous serons complètement satisfaits de ton travail ». Noémie a fini par craquer : crises de larmes, angoisses, manque de sommeil, et même psoriasis sur tout le corps. Elle ne savait plus comment s'en sortir.

J'ai mis en demeure son employeur de régulariser sa situation, par lettre d'avocate, lui expliquant que la jeune femme était en situation de salariat en raison du lien de subordination manifeste, de l'exclusivité et du paiement d'un montant fixe mensuel.

Cela n'a pas été très compliqué. Nous avons pu négocier le paiement de six mois de rémunération pour le départ de Noémie ; de quoi lui permettre d'avoir le temps de retrouver un emploi sans stresser. L'employeur était coutumier de cette façon de traiter les jeunes diplômé·es, et il a préféré un accord transactionnel, avec une clause de confidentialité, à un procès public qui aurait pu donner des idées aux collègues de Noémie.

Je ne fais pas ça pour l'argent

Et Emmanuelle ? Retour sur son histoire. Peu après sa démission, la jeune salariée de l'association caritative est déterminée à obtenir réparation de son traumatisme et de son préjudice financier. Pour tourner la page.

Quand je lui explique ce que je prévois de demander aux prud'hommes, elle n'ose croire à cette somme à cinq chiffres. J'ai beau lui dire qu'elle doit être indemnisée, obtenir une compensation logique, dans la mesure où elle va perdre son ancienneté et risque de voir sa carrière redémarrer de zéro… rien n'y fait : oui, elle veut faire payer son directeur général, mais « pas trop non plus ». Comme si l'argent de l'association était celui de ses bénéficiaires, et qu'en obtenant réparation elle leur volait leur bien.

Ce n'est pas la première fois que je gère un dossier pour inégalité salariale qui doit malheureusement s'orienter vers une négociation de départ. Je lui explique donc que, dans un tel cas, si l'on s'en tient à l'indemnité légale de licenciement, elle ne touchera que quelques milliers d'euros, car elle n'est pas dans l'entreprise depuis très longtemps. Le fameux « barème Macron »... Depuis 2017, si la cause du licenciement d'un salarié est reconnue par le juge comme injustifiée, une indemnité est certes octroyée au salarié à la charge de l'employeur, mais elle est comprise entre un montant minimal et un montant maximal fixes, en fonction de l'ancienneté. Par exemple, un salarié qui a cinq ans d'ancienneté pourra recevoir entre trois mois et six mois de salaire brut. Hélas, l'indemnité minimale n'est désormais plus que de trois mois – contre six auparavant – après deux ans dans l'entreprise, ce qui peut dissuader un salarié ayant peu d'ancienneté de saisir la justice. À mon sens, c'était l'un des objectifs de cette réforme, dont la prétention était de sécuriser les entreprises quant à leurs risques contentieux en cas de licenciement.

Le « barème Macron » plafonne la majorité des dossiers que nous traitons. Les cas de discrimination et de harcèlement sont les seuls motifs qui permettent de dépasser les indemnités maximales prévues dans le nouvel état du droit. Et la discrimination salariale en raison du sexe en fait partie, elle qui fait souvent réagir l'entreprise, la pousse à négocier.

Je prends contact avec l'avocat de l'association pour lui exposer des éléments prouvant cette discrimination, et la situation de souffrance dans laquelle Emmanuelle se trouve – elle est encore sous antidépresseurs. Cas de figure fréquent pour négocier une transaction, j'échange d'abord avec le confrère adverse avant d'envisager de saisir la juridiction. Entre avocats, il existe un secret des correspondances. Rien de nos échanges, rien de ce qui se passe entre nous ne peut être utilisé devant une juridiction.

Nous avons donc des conversations avec l'avocat de l'entreprise. Nous lui expliquons la situation sans trop en dire sur les éléments constitutifs de notre dossier, et constatons ce que lui et son client souhaitent. Quand la salariée est en arrêt, l'employeur préfère souvent un départ. Parfois, la proposition est honteuse : une simple rupture conventionnelle, ou un petit mois de salaire en plus de ce que prévoient les indemnités légales de départ…

Ici, ma cliente est déjà partie, elle a démissionné. La négociation lui convient davantage qu'un procès. Elle ne veut pas non plus exposer les mauvaises pratiques de l'association auprès de l'opinion publique en poussant l'affaire jusqu'au tribunal, par loyauté envers ses anciens collègues et afin de préserver les actions qu'elle avait mises en place pour les bénéficiaires. Pourtant, c'est ce risque réputationnel qui mène souvent les entreprises à ne pas souhaiter, symétriquement, un passage en justice. Raison pour laquelle, quatre fois sur cinq, mes dossiers de discrimination salariale trouvent une issue amiable.

Les propositions de l'association d'Emmanuelle se révèlent d'abord largement insuffisantes. Sachant bien que cet employeur – dont la mission est censée être de lutter contre les discriminations – ne peut se permettre de voir son image entachée en justice, je saisis le conseil de prud'hommes dans cette affaire, afin d'accélérer les choses et d'obtenir une meilleure négociation. Cela ne veut pas dire qu'il y aura forcément un procès : la requête envoyée aux prud'hommes expose tous nos griefs et demandes, met en avant les preuves que nous avons en notre possession, mais elle sert parfois simplement à pousser l'entreprise à négocier à nos conditions. Nous demandons que le conseil de prud'hommes juge qu'Emmanuelle a subi une discrimination salariale en raison de son sexe, et qu'il requalifie sa démission en rupture de contrat de travail aux torts exclusifs de l'association.

Tout n'est pas simple : prise de court, et après toutes ces années de confusion, à endurer tant de choses, Emmanuelle ne dispose pas de toutes les pièces nécessaires. En prenant en main le dossier, je découvre le manque de documents attestant la quantité de travail qu'elle a fournie. Ce n'est pas un hasard si elle a, par exemple, dû batailler un an après son embauche pour obtenir une simple fiche de poste. Ce document n'a pas été actualisé à mesure qu'elle a gagné en responsabilités. Aucune mention de la représentation extérieure de l'association, par exemple… Mais pour y suppléer, nous cravachons. Parmi les articles de loi et la jurisprudence qui m'aident à faire pression dans ce dossier, il y a le principe « à travail égal, salaire égal », devenu le principe « d'égalité de traitement ». J'ai pu en obtenir la preuve, avec l'aide notamment de documents envoyés par Benjamin, l'homologue marseillais d'Emmanuelle. Comme ce collègue bienveillant n'existe pas toujours, la Cour de cassation est récemment intervenue : le 8 mars 2023, elle a jugé qu'une salariée s'estimant victime d'une rupture d'égalité a le droit de demander accès aux fiches de paie de ses homologues masculins, et donc à de véritables moyens de comparaison. Selon la justice, même si les fiches de paie sont confidentielles, le droit à la preuve justifie une atteinte au respect de la vie privée des collègues. Nous avons fini par signer une transaction avantageuse pour Emmanuelle.

Où en sont aujourd'hui les pratiques salariales de son employeur ? Il a bel et bien réglé les inégalités femmes-hommes, mais en choisissant de ne plus augmenter les hommes autant qu'avant… Frappée au portefeuille, la direction des ressources humaines s'est contentée de maintenir tout le monde juste au-dessus du Smic ! Une manière de voir les choses.

Modeste remise en question, loin d'être le cas de toutes les entreprises signataires de transactions. Rares sont les affaires où les femmes s'allient et décident toutes ensemble de faire bouger les choses. Évidemment, je me délecte du contentieux, des dossiers qui vont en justice ou sortent dans la presse, car ils permettent de braquer les projecteurs sur des discriminations sexuelles systémiques. Les transactions individuelles, c'est vrai, n'aident pas la cause, mais lorsque je défends une salariée, je me consacre à son cas personnel, sans pouvoir adopter une posture vraiment militante. C'est difficile et parfois frustrant. Mais chaque injustice réglée reste un petit pas en avant et, surtout, peut changer la vie de mes clientes.

La procédure qu'a enclenchée Emmanuelle lui a fait beaucoup de bien. Elle a manifesté son courage, a suivi mes conseils malgré une fâcheuse tendance à se dévaloriser, au départ. Cette victoire lui a redonné confiance, ses troubles psychologiques se sont estompés. Elle s'est aperçue qu'elle était dans son bon droit ! Les moments où elle s'était sentie « vénale » simplement parce qu'elle avait osé demander un salaire décent ont été oubliés. Trois mois après la signature de la transaction, elle a retrouvé un travail, dans le domaine de l'humanitaire. Oui, toujours dans un organisme où l'argent ne coule pas à flots, mais en refusant cette fois d'arbitrer entre salaire et sens. Elle a posé un montant minimum comme condition à son embauche.

Sa demande a été immédiatement acceptée, au regard des résultats prouvés chez son précédent employeur.

Pour qui s'est-elle prise, au juste ? Pour une femme qui fait son travail, avec talent et humilité, tout simplement.

Le cas d'Emmanuelle n'est pas si rare. Souvent, deux salariés exerçant exactement les mêmes fonctions, avec la même expérience, n'ont, à défaut de transparence ou de grille de rémunération, aucune idée de l'inégalité de traitement qui les sépare. Principal problème : même si la jurisprudence a sacralisé depuis 1972 le principe « à travail égal, salaire égal », nous sommes régulièrement coincées sur les preuves. Je me souviens de cette cliente ingénieure physicienne dans les télécommunications, Sarah, qui codirigeait une petite équipe de recherche avec un collègue. Elle connaissait ce dernier depuis ses études supérieures. Ils avaient rejoint l'entreprise en même temps. Passionnée, elle estimait ne pas avoir à se plaindre, dans ce grand groupe qui lui octroyait une rémunération confortable. Seulement, c'est par hasard qu'un jour, voulant imprimer un rapport pour le lire chez elle, arrivée devant la machine, elle découvrit une feuille oubliée. Un bulletin de salaire… celui de son binôme de toujours. Justement, le matin même, n'avait-il pas évoqué le dossier qu'il montait pour un prêt immobilier ? Si elle se mit d'abord à rougir, honteuse d'avoir entre les mains un document confidentiel, son émotion laissa place à l'incompréhension, puis à la colère. Avec son salaire à cinq chiffres par mois, son collègue gagnait 25 % de plus qu'elle.

Très rapidement, après une intervention de ma cliente, que j'ai organisée (pour laisser une chance à une solution RH d'émerger, j'agis souvent dans l'ombre et n'interviens directement que lorsque la situation se corse), la direction rectifia le tir, ne souhaitant pas perdre le talent que représentait Sarah, mais sans réparer complètement cette injustice – aucun rappel de salaire pour les années précédentes ne lui fut versé. Mal à l'aise dans cette discussion de « gros sous », Sarah lâcha le morceau, par peur d'être bloquée dans son avancement. Et elle aussi ne « faisait pas son métier pour l'argent »... Pire, Sarah ne put réfréner la sensation d'avoir gagné au Loto... Mais que se serait-il passé si elle ne s'était pas rendue à l'imprimante ? Combien d'années aurait-elle encore vécues dans l'ignorance de cette injustice ? Combien de dizaines de milliers d'euros auxquels elle avait droit lui auraient échappé ?

C'est souvent le syndrome de la bonne élève qui fait rage, dans le cas d'Emmanuelle ou de Sarah, comme pour tant d'autres femmes : humbles, appliquées, elles n'osent demander un gros salaire ni une augmentation, de peur de ne pas le valoir ou de paraître prétentieuses. Plusieurs clientes m'ont avoué qu'elles se sentaient moins légitimes et craignaient que leur direction ne justifie l'écart de salaire avec leurs homologues masculins au motif qu'elles seraient tout simplement « moins compétentes », ce qu'elles avaient intégré.

Cela va loin. Je le sais moi-même, en tant que femme, mon rapport à l'argent et à la réussite est parfois aussi biaisé que celui de mes clientes. Je passe mon temps à parler d'argent et à négocier pour les autres. Néanmoins, lorsqu'il s'agit de mes propres honoraires, c'est beaucoup plus compliqué. Ne provenant pas d'un milieu spécialement aisé, j'ai longtemps fait beaucoup de choses à titre gratuit, parce qu'aussi dans une posture de soutien, où la question de la rémunération est difficile.

Depuis plusieurs mois, j'ai pris une résolution. Je refuse celui ou celle qui prétend négocier mes honoraires, fixés en fonction de son salaire. Quant au *pro bono*, le conseil gratuit, je le réserve aux salariés en situation de précarité. J'essaie de m'appliquer ce que je préconise à mes clientes : être payée à sa juste valeur. J'essaie aussi de sensibiliser mes collaborateurs et collaboratrices à la question. Dernièrement, je me suis réjouie de l'émergence de nombreux podcasts qui informent spécifiquement les femmes sur les questions d'argent[1]. En les écoutant, j'ai moi-même appris beaucoup de choses !

1. Ma Juste Valeur, Oseille & Compagnie, Plan Cash, FEMCA…

L'histoire d'Emmanuelle met de surcroît en lumière quelque chose de plus inquiétant : objecter que l'on est victime d'une injustice expose à un violent retour de bâton. Sans doute cela encourage-t-il au silence ? Je l'ai encore vu il y a peu, dans une situation aux antipodes de celle de ma jeune cliente. Carole, directrice commerciale expérimentée d'un grand groupe pharmaceutique, membre du comité exécutif, a appris un jour qu'un collègue, aux responsabilités moins importantes et de dix ans plus jeune qu'elle, gagnait 30 % de plus. Révoltée, elle a aussitôt exigé une revalorisation, mais le retour de boomerang a été brutal. La direction n'a cherché aucun prétexte, ne prétendant même pas qu'elle était moins performante que lui, elle l'a menacée d'un licenciement. Alors que tout ce que voulait Carole, c'était avoir le même salaire qu'un collègue, à poste égal (voire inférieur, dans le cas de cet homme) !

Carole m'a contactée, mais a fini par se rétracter face aux menaces d'éviction dont elle fut l'objet. Mise sous pression, elle s'est sentie « honteuse ». Elle est restée dans cette multinationale, a accepté une minuscule augmentation pour ne pas quitter son poste. Quelque temps plus tôt, on lui avait déjà fait remarquer qu'elle gagnait le double de son conjoint, sur un ton oscillant du compliment à l'ironie. Le nouveau message semblait clair : « Nous t'avons laissée grimper les échelons, estime-toi heureuse d'être arrivée ici, au comex. Tu as un gros salaire*, pour une femme.* »

Quand bien même les victimes de discrimination salariale l'emportent en justice, elles ont perdu leur emploi et leur carrière a subi un coup d'arrêt. Ce qui n'est pas le cas de leurs collègues restés en poste. Et, même si la justice peut théoriquement en décider, comment accepter d'être réintégrée dans l'entreprise quand la confiance s'est brisée, le jour où l'on a découvert la différence avec ses homologues masculins ? C'est une victoire amère, car c'est aussi une double peine.

Sans avoir besoin des hasards de la photocopieuse ou d'un banal verre entre collègues, la transparence devrait s'imposer. C'est déjà le cas avec la généralisation des grilles de salaire dans beaucoup d'entreprises. Elles favorisent la clarté, avec des critères de progression objectifs, tels que les compétences techniques, managériales, l'appui à la dynamique de groupe (formation, par exemple), plutôt que de récompenser uniquement la capacité de négociation. En droit, ces grilles de salaire peuvent appuyer un cas de discrimination sexiste, lorsque la salariée ne se voit pas appliquer un coefficient correspondant à la réalité de son poste, mais l'outil le plus puissant reste quand même la demande de production des bulletins de salaire d'homologues. Et les grilles et coefficients ne fonctionnent pas pour les hauts cadres, comme dans le dossier de Carole.

Le 24 avril 2023, le Conseil de l'Union européenne a adopté une directive sur la transparence des salaires qui devra être transposée dans le droit français d'ici trois ans. Les employeurs devront notamment informer les demandeurs d'emploi du salaire de départ ou de la fourchette de rémunération initiale des postes publiés. Cela aurait sans doute permis à Emmanuelle d'éviter d'accepter un très bas salaire après son stage, puisque la somme minimale à laquelle elle pouvait prétendre aurait été mise en ligne.

La directive obligera de surcroît les entreprises de plus de cent salariés à prendre des mesures si l'écart de rémunération entre les femmes et les hommes est supérieur à 5 %. Enfin, les femmes victimes de discrimination en matière de rémunération fondée sur le sexe pourront recevoir une indemnisation de manière beaucoup plus simple qu'auparavant.

En France, depuis 2019, il existe en outre un Index de l'égalité professionnelle[1], qui contraint les entreprises de plus de cinquante salariés à publier les écarts de salaires femmes-hommes « non justifiés » (les écarts justifiés sont dus au diplôme ou à l'expérience). La note que chaque entreprise reçoit permet de distinguer les bons et mauvais élèves, et les sanctions peuvent s'élever à 1 % de la masse salariale si aucun correctif n'est appliqué – ce qui n'est pas rien, même si très peu d'entreprises ont été réellement sanctionnées[2].

---

1. Dit « Pénicaud », du nom de la ministre du Travail à l'époque.

2. « Égalité femmes-hommes : seize entreprises sanctionnées à cause de leurs mauvais résultats », *Le Monde*, 8 mars 2022.

Peut-on cependant s'en tenir là ? Le sujet du salaire dépasse ces lois ou certaines pratiques RH allant dans le bon sens. C'est le rapport à l'argent qui entre en jeu. On l'a vu en début de carrière, avec le cas d'Emmanuelle. Malheureusement, cette posture change peu avec le temps : tous les jours, dans mon cabinet comme dans ma vie privée, j'ai affaire à des femmes qui disent ne pas travailler « pour l'argent ». Alors, comment expliquer que, même lorsqu'ils ne sont pas là non plus « pour l'argent », un grand nombre de salariés masculins gagnent plus ? Peut-être osent-ils simplement… demander. Très peu de femmes se battent pour leur salaire de la même manière que les hommes. J'ai remarqué que mes clientes attendent souvent d'avoir beaucoup et longtemps souffert pour me contacter, alors que mes clients tendent plutôt à le faire aux premiers signaux d'alerte. Les hommes sont également plus gourmands sur les indemnités qu'ils souhaitent obtenir. Lorsqu'ils négocient leur départ, mes clients masculins sont plus méticuleux, appliqués à déceler le moindre détail qui jouerait en leur faveur, à raison. A contrario, beaucoup de mes clientes estiment que je « demande trop » à leur ex-employeur. Faut-il aller jusqu'à le rapprocher du rapport à l'argent des femmes dans le couple[1] ?

---

1. Voir Lucile Quillet, *Le Prix à payer. Ce que le couple hétéro coûte aux femmes,* Les Liens qui libèrent, 2022 ; Insaff El Hassini

Notre éducation nous pousserait davantage à l'altruisme. Nous avons intériorisé le fait de devoir « rester à notre place », de ne pas être prises pour vénales, trop ambitieuses, trop sûres de nous-mêmes. La réussite des femmes fait encore peur.

---

et Héloïse Bolle, *Aux thunes citoyennes ! Au travail et à la maison, prenez le pouvoir sur votre argent*, Alisio, 2023 ; Titiou Lecoq, *Le Couple et l'Argent. Pourquoi les hommes sont plus riches que les femmes*, L'Iconoclaste, 2022.

Affûtez vos strings pour la soirée du 14 !

Seule dans mon cabinet, je cherche mes mots. Il est 22 heures et je dois rappeler en urgence Julie, une cliente qui panique. À deux semaines du procès, après des mois d'échange sur son dossier, et tant de nuits blanches à rassembler toutes les preuves, elle souhaite tout abandonner. Je me demande comment la rassurer, lui donner la force d'aller jusqu'à l'audience. Au bout du fil, elle parle très vite et se reprend en permanence :

« On n'a aucune chance, je suis sûre qu'ils vont me ressortir à la gueule que je l'ai bien voulu, ou qu'on était trop proches pour qu'il soit mon harceleur… Je dors plus, j'ai passé mes dernières nuits à cogiter sur la tenue que je vais mettre. Est-ce que je dois venir en jogging, sans maquillage, pour qu'on me foute la paix ? Je te jure, je le sens plus du tout ! On peut pas annuler le procès, se désister ? »

Julie pense la même chose que toutes mes clientes victimes de harcèlement, à un moment de la procédure. Elle est terrorisée à l'idée d'être confrontée à son harceleur et de se sentir jugée. Sauf que Julie est l'une des rares à poursuivre ce combat jusqu'aux prud'hommes. Alors que nous aurions pu négocier son départ, comme c'est régulièrement le cas dans les affaires qui touchent aux climats sexistes ou au harcèlement sexuel au sens large – le risque réputationnel étant fort pour les entreprises, elles préfèrent acheter le silence des femmes –, cette affaire va bel et bien se terminer devant le conseil de prud'hommes. Le dirigeant de l'entreprise, s'estimant trahi et victime d'un complot, n'a jamais voulu négocier sérieusement. Il a même attaqué Julie en diffamation. Sous cette pression intenable, il n'est pas étonnant qu'elle ait la tentation de battre en retraite au dernier moment. Je pourrais lui dire qu'elle peut être représentée, si elle le souhaite, que je peux gérer l'audience sans elle, que je saurai expliquer pourquoi elle n'est légitimement pas capable d'être présente, mais je tiens surtout à lui rappeler que la victime, c'est elle. Même si elle n'est pas une victime « parfaite ».

« Tu sais, il y a ces quelques fois où j'ai fini par craquer en participant à ses ambiances salaces... »

Quand son patron envoyait aux femmes de l'entreprise des textos pour leur demander des photos dévoilant, sous un soutien-gorge ou un bikini trop court, le bas de la poitrine, quand il lançait des concours de blagues libidineuses ou proposait des jeux à caractère sexuel, il est arrivé que Julie participe.

« Je n'arrive pas à sortir de ma tête ce genre de moments malsains, reprend-elle… Parfois je me dis même que j'étais la pire de tous.

– Mais Julie, tu te rends compte de l'ambiance dans laquelle tu as travaillé pendant toutes ces années ?! »

À l'entendre, je ne peux m'empêcher d'être révoltée par ce sentiment de culpabilité que ressentent souvent mes clientes. Sur tous mes dossiers de harcèlement sexuel, je les avertis dès le début de la procédure : il est normal qu'elles s'interrogent sur leur responsabilité dans le harcèlement qu'elles ont subi, et l'entreprise va tout miser là-dessus. Dans un monde où de nombreuses voix posent encore des questions comme « ne l'avait-elle pas bien cherché ? » ou « comment t'étais habillée ? », les femmes intériorisent souvent ces reproches. C'est d'ailleurs souvent à cause de cette incertitude que la majorité des victimes ne parlent pas. De peur d'être prises pour des menteuses, et humiliées en étant qualifiées d'allumeuses, de tentatrices. Côté direction, lorsqu'un salarié dérape, on plaide fréquemment l'absence d'un refus clair de la part de la salariée. Pour contester le harcèlement sexuel, l'entreprise dira donc que la salariée a eu une « attitude ambiguë », en profitant d'une jurisprudence datant d'il y a quelques années. Si l'employeur instrumentalise un ou deux messages où la salariée répondrait timidement aux avances, elle a alors peu de chances de gagner.

L'histoire de Julie, pourtant, est aussi invraisemblable que symbolique. C'est celle d'une jeune salariée de 24 ans, qui signe son premier CDI dans une start-up en vogue, dirigée par Sébastien, un homme charismatique et débordant d'idées. En entretien d'embauche, il semble très enthousiaste à l'égard de Julie, la qualifiant même de « rafraîchissante », avec un soupçon de paternalisme, mais rien qui la choque.

D'un naturel enjoué et optimiste, elle a entendu beaucoup de positif sur l'ambiance dans cette boîte, une « bande de potes » un brin fêtarde d'une trentaine de salariés. Un ami qui a bossé là-bas au début de la start-up l'a prévenue, ils relâchent souvent la pression car ils turbinent fort. Elle a hâte de découvrir de nouvelles têtes, elle qui aurait en horreur un emploi « métro-boulot-dodo » dans une tour de La Défense peuplée de centaines de « fantômes en costume ». Elle va très vite déchanter.

Le premier jour, dans le couloir que tout le monde doit emprunter pour se rendre à l'open-space, elle s'y prend à deux fois pour observer le meuble qui longe le mur. Sur cette encombrante commode blanche où sont rangés tous les dossiers clients trône une flopée de godemichets colorés accompagnée d'une sorte de pistolet à eau en forme de pénis… Le tout surmonté par un collage de photographies où les salariés hommes de la boîte exhibent leurs fesses en arborant un grand sourire. Sébastien est au centre. Difficile d'y voir un lien avec l'activité de la société puisque cette entreprise développe des logiciels de gestion informatique.

Stupéfaite, Julie s'interroge, mais c'est son premier jour et, après tout, elle avait l'habitude de ce genre de farces, au BDE de son école de commerce. Poursuivant son intégration, elle est chaleureusement accueillie par ses nouveaux collègues et tente de ne pas prêter trop attention à cette étonnante décoration de bureau. Peu de temps après son arrivée, elle subit une première situation humiliante. Installée à son bureau, elle tombe sur un mail envoyé à l'ensemble des salariés, qui annonce sa prise de poste. Ce n'est autre qu'un photomontage réalisé à partir de sa photo de profil LinkedIn, sur fond de scène de film X.

Quand Julie ose demander des explications à Sébastien, sa collègue Nina, assise juste en face, avec qui elle s'est très vite liée d'amitié, explose de rire. Sébastien, qui se qualifie lui-même d'accro au porno, vient de lui glisser à l'oreille, suffisamment fort pour que Julie l'entende : « Avoue qu'elle serait pas mal avec ces mecs-là derrière, hein ? » Nina ajoutera, s'adressant à Julie : « C'est pas grave du tout. Prends ça comme une étape de ton bizutage ! Tu sais, ici, on est tous potes maintenant, alors qu'on était tous dans ta situation, au début. On se vanne, on couche ensemble, on se dit les choses, quoi ! Et puis Sébastien, on sait que c'est un phénomène. »

Nina ne saurait pas si bien dire. À cette époque-là, elle entretient une liaison avec le dirigeant, évidemment marié.

J'ai le dossier de l'affaire sous les yeux. Je feuillette toutes les pièces, témoignages de salariés, textos, mails, photos qui documentent l'obsession de ce « phénomène » pour le sexe, et la manière dont il réduisait systématiquement ses salariées à leur corps. Julie s'en est rendu compte mois après mois, à mesure que se succédaient les scènes choquantes. N'a-t-il pas déjà fait passer un entretien d'embauche vêtu simplement d'un slip à bretelles, et revendiqué de choisir les jeunes recrues pour leur physique ? N'a-t-il pas, une fois, lancé la diffusion d'un film pornographique sur le rétroprojecteur de l'entreprise à la pause déjeuner, parce que : « Oh, c'est marrant, hein ! Personne veut rire, dans cette boîte ? » N'a-t-il pas l'habitude de dessiner des sexes masculins sur les carnets de notes de tout le monde, tel un collégien immature ? N'a-t-il pas déjà soufflé à l'oreille de ma cliente un « Je te bouffe la chatte » en plein open-space, ou mis une fessée en criant « Tu l'as pas volée, celle-là » ?

Tel que Julie me l'a décrit, ce climat malsain tombe bel et bien sous le coup de la loi. Plus précisément, il ressort de ce que l'on appelle « le harcèlement sexuel environnemental », ou « d'ambiance ». Depuis quelques années, j'ai souvent recours à ce motif dans ma défense : sans être toujours directement visée, la victime subit des provocations et blagues obscènes qui lui deviennent insupportables, dans un climat entretenu par plusieurs salariés. Depuis mars 2022, le Code du travail dispose aussi que des « propos ou comportements à connotation sexuelle ou sexiste répétés » à l'encontre d'un salarié peuvent être qualifiés de harcèlement sexuel. S'il y a plusieurs auteurs, les agissements n'ont même plus à être répétés, ce qui est censé protéger la victime. Les évolutions récentes de la loi sont fortes d'un point de vue symbolique, mais ne vont pas révolutionner la justice car l'omerta sur le sujet ne risque pas de se dissiper en un instant. Et puis le quantum des condamnations pour harcèlement reste faible, sans effet réellement dissuasif pour les entreprises. Enfin, il y a toujours cette notion d'« attitude ambiguë », susceptible de démonter facilement le harcèlement d'ambiance.

Il est arrivé à Julie de participer aux jeux de Sébastien, sous la contrainte. Par exemple, une fois, lors d'un vague concours de mime de fellation, ou encore le rituel de la réunion hebdomadaire du lundi, un festival de blagues graveleuses, où le vainqueur voit son mot élégant publié sur un compte Instagram aux couleurs de l'entreprise. Florilège du palmarès :

« J'ai le balsami qui colle. »

« Je trouve plus mon téléphone, je ne sais pas où je l'ai branlé. »

« Ma chatte, elle est bilingue. »

La dernière phrase était l'œuvre de ma cliente.

Au bout du fil, j'interpelle Julie :

« Qui a lancé ce jeu ? Tu ne dois jamais perdre de vue que cet homme était directeur général, et ça change tout ! C'est incompatible avec sa fonction. On est loin d'un team-building classique. »

Les témoignages de ses ex-collègues le confirment, tous reconnaissent l'obsession de Sébastien pour le sexe, et ses commentaires profondément offensants (« T'as mis ta robe de salope aujourd'hui ? », « T'as mis une culotte ? »). Son caractère changeant, aussi, tantôt « blagueur » de mauvais goût, tantôt manipulateur et violent. En un claquement de doigts, son attitude peut se modifier du tout au tout, et il peut redevenir un patron extrêmement exigeant. Ne pas entrer dans son jeu aurait été un choix dangereux.

Julie m'avait raconté à quel point, à mesure que se construisait cette fausse camaraderie, le comportement de son supérieur l'empêchait purement et simplement de travailler, et ainsi de déconnecter, après le travail. Quand il se donne en spectacle, de 14 à 16 heures, entre les ordinateurs, personne ne peut avancer, et ainsi tout le monde doit déborder jusqu'à 19, 20 heures pour terminer un dossier ou une tâche. Et que se passe-t-il, à 20 heures ? Évidemment, Sébastien n'en a pas fini :

il convie tout le monde à un « afterwork », difficile à refuser tant ses remarques fusent. « Oh Lisa, qu'est-ce que tu as de mieux à faire ? Vous allez le faire par-derrière, ce soir, avec ton mec ? Il a une grosse bite ? »

Pourquoi donc, dans cette start-up, personne ne dit rien, alors que cette ambiance toxique règne depuis plusieurs années ? Justement parce que l'entreprise est en pleine croissance, ce qui justifie, selon certains collègues de Julie, le caractère un peu « fou » de la vie de la boîte. D'autres, plutôt des femmes, savent qu'il vaut mieux faire profil bas. Elles invoquent souvent l'exemple de Nina, la collègue de Julie. Celle qui avait une relation avec Sébastien. Car après des mois de scènes de ménage devant tout le monde, il a fini par la licencier du jour au lendemain, pour une faute grave imaginaire. Face à la brutalité de la situation, elle est allée en hôpital psychiatrique, et Sébastien a décrété pour les salariés une interdiction formelle de la contacter. Julie a eu le malheur de bien s'entendre avec elle. Il lui a d'ailleurs reproché plusieurs fois de « comploter » avec cette ex. Quant aux salariées qui osent dénoncer le comportement de Sébastien, directement, face à lui, ou bien à l'oreille de son codirigeant, elles sont au mieux jugées « pas drôles » ou « mal baisées », au pire licenciées ou invitées à signer une rupture conventionnelle.

Difficile, donc, de se soustraire au spectacle consternant de Sébastien, et à ses moments « festifs », d'autant que le directeur général est toujours suivi dans ces moments-là par son codirigeant et un salarié un brin « fêtard ». Autour d'une, deux, trois pintes de bière, inévitablement, la fréquence des mots crus et des propositions indécentes croît de façon exponentielle. De retour des toilettes, où il ressent régulièrement le besoin de se repoudrer le nez à la cocaïne, Sébastien s'amuse à dégrafer le soutien-gorge de ses salariées, qui ne le voient pas arriver par-derrière. Il ne s'agit ni plus ni moins que d'une agression sexuelle. Dans la seconde, il les complimente sur leurs seins. En guise de parade, Julie en est souvent réduite à ramener la conversation sur des sujets professionnels, choisissant de parler d'un dossier rébarbatif à 23 heures plutôt que de subir ses avances autour d'une table de bar. Lui préférera fuir le sujet en disant tout le bien qu'il pense de la nouvelle stagiaire – physiquement –, laquelle vient de quitter l'afterwork. En fin de soirée, il essaiera à plusieurs reprises d'arracher un baiser forcé à ma cliente.

Soudain, j'entends Julie sangloter au bout du fil. Il faut dire qu'elle pleure beaucoup, chaque fois que l'on se voit ou s'appelle. Elle est en arrêt maladie depuis un an déjà, sous cachets, et l'Assurance-maladie a qualifié son syndrome anxio-dépressif de « maladie professionnelle ». Cet homme et cette boîte l'ont détruite. D'ailleurs, je n'ai pu que noter le poids des mois sur sa condition physique : elle a perdu une quinzaine de kilos, a fait deux tentatives de suicide et ne semble jamais en paix. Je remarque aussi que plus les semaines passent, plus ses propos sont incohérents, et plus son attitude change. À quelques jours de l'audience, force est de constater qu'elle a toujours peur de cet homme, influent dans le milieu, qui pourrait selon elle « détruire sa réputation ». Il est temps que tout cela se termine.

En rappelant à Julie ces moments pénibles et humiliants, je lui explique aussi qu'elle n'est pas la seule à les vivre, dans son entreprise ou ailleurs. Les jeux « drôles » comme les verres après le travail sont caractéristiques de ce genre de *boys' club* où les femmes sont explicitement l'objet d'une ambiance malsaine et toxique, qu'elles ne peuvent éviter car ce sont souvent leurs supérieurs directs qui entretiennent le petit manège. L'expression « *boys' club* » vient du Royaume-Uni et désigne des groupes informels où la solidarité entre hommes se fonde sur l'exclusion des femmes. Dans les entreprises encore jeunes, il s'agit souvent d'une bande qui cherche de nouvelles recrues qui lui ressemblent. Demeure le cliché d'un groupe d'hommes, enchaînant les pintes de bière en afterwork, délestés des tâches ménagères, et parlant de manière humiliante des femmes qu'ils côtoient. Dans la start-up en question, les piliers des soirées au bar sont exclusivement des hommes[1].

---

1. Il n'est pas rare que ce phénomène de bande se prolonge sur la Toile : c'est ce qui s'est passé sur les réseaux sociaux lors de l'affaire

Ce genre de comportement est caractéristique des milieux où l'investissement professionnel est fort, et le turnover élevé : médias, start-up, agence de communication ou publicité, ou encore dans le conseil. Les pages Instagram @balancetastartup et @balancetonagency ont bien illustré ces situations propres à des entreprises assez jeunes et qui, sur le papier, se présentent comme horizontales dans leur management. Le travail y est mêlé à la vie privée, puisque cette dernière est réduite à peau de chagrin. Un patron harceleur peut se faire passer pour un « pote », faire mine de dissoudre tout lien hiérarchique. Il n'y a pas ou peu de personnes chargées des ressources humaines, encore moins de syndicats. Comme dans le cas de Julie.

Le harcèlement d'ambiance n'est cependant pas l'apanage des entreprises « jeunes ». J'ai par exemple eu en main le dossier de Sophie, en CDI sur un poste administratif à Bordeaux, que j'ai étudié le jour même où il m'est arrivé. Elle avait été licenciée très

---

dite de la « Ligue du LOL », durant les années 2010. Pendant près d'une décennie, une quarantaine de journalistes, communicants et publicitaires parisiens ont craché leur fiel sur de jeunes collègues féminines au sein d'un groupe fermé, en les ciblant tour à tour, pour asseoir leur autorité sur elles. Cela a permis de mettre en lumière le fait que tweets ou canulars téléphoniques relèvent bel et bien du harcèlement moral ou sexuel.

brutalement, officiellement pour « insuffisance professionnelle », après avoir dénoncé le comportement de son patron.

Là-bas aussi, le dirigeant cachait ses blagues grivoises de mauvais goût derrière une prétendue bonne ambiance. Dans le groupe WhatsApp comprenant tous les salariés, il écrivait :

« Affûtez vos strings pour la soirée du 14 ! »

« On préfère se les faire serrer par toi. » (*en parlant de ses testicules*)

« On veut voir tes miches. »

Tour à tour, il traitait les femmes de « connasses » ou les qualifiait de « bandantes ». À l'annonce du confinement national en 2020, il avait notamment relayé un article intitulé « Coronavirus : la fellation moins contagieuse qu'une poignée de main selon l'Organisation mondiale de la santé ». Commentaire du bonhomme : « Au boulot, les filles ! »

En réalité, tout le monde dans l'entreprise était gêné par ses obsessions, ce qui n'empêchait pas certains salariés d'entretenir cet environnement malsain, de peur d'être le prochain bouc émissaire. Beaucoup faisaient comme si de rien n'était, esquivant les blagues. Sophie essayait souvent de réorienter les conversations avec son boss sur un terrain exclusivement professionnel.

Que pouvait-elle faire pour qu'il cesse ? Bloquer son patron sur tous les canaux de discussion ? Lui dire qu'il était immonde ?

Pour Julie, de son côté, la situation était insoluble. Elle avait fréquemment vu Sébastien faire des colères énormes pour des détails, et avait tout simplement peur de se faire virer. Il était déjà arrivé qu'il ne lui adresse pas la parole pendant une semaine, juste parce qu'elle n'avait pas répondu à ses nombreux « Ça va ? » via SMS, durant un week-end où elle n'était pas à Paris.

« N'oublie pas qu'on va insister sur tous les messages où tu mentionnes ton compagnon, pour lui signifier que tu n'étais pas intéressée, ai-je précisé à Julie au bout du fil. Tu as tenu parce que tu voulais garder ton job et te faire une réputation dans ton milieu professionnel. »

Deux semaines après notre échange, l'audience arrive enfin. Julie est bien là. La salle est comble, malgré les heures d'attente. Les affaires précédentes ayant cumulé du retard, il est déjà 17 heures quand vient notre tour. Ma collaboratrice et moi n'avons que dix minutes pour retracer le parcours de Julie, donner à voir l'ambiance malsaine de la petite entreprise et brosser le portrait de son supérieur. Les conseillers prud'homaux sont interloqués par certains détails, même si l'un d'entre eux lève plusieurs fois les yeux au ciel, agacé que l'on s'indigne de certaines blagues proférées au travail. « Sébastien X, qui s'est défini plusieurs fois comme “fan de pornographie”, impose à ses salariées le visionnage de films interdits aux moins de 18 ans, décrit ma consœur. Sa préférence va aux scènes les plus violentes, comme le *gang-bang*, où il avait d'ailleurs mis en scène ma cliente dans un montage photographique réalisé par ses soins. Par ailleurs…

– Attendez deux secondes, excusez-moi, je n'ai pas la science infuse, coupe sans fard ce conseiller. Définissez-moi le terme "*gang-bang*", s'il vous plaît… »

Ma collaboratrice est interloquée. Elle ne répond pas. Je prends le relais :

« Je vous demande pardon ? Vous êtes vraiment en train de nous dire cela, à la barre, alors que nous n'avons que dix minutes ? Qu'est-ce que cela change, pour vous ? »

Je ne pense pas qu'il soit anodin que ce genre de manifestation du sexisme ordinaire, à seule visée d'humilier une avocate, se soit produit lors de ce procès en particulier. Quoi qu'il en soit, nous avons plutôt bien réussi notre prise de parole, même si nous n'avons pu tout dire.

Vient dans la foulée le tour de l'avocate de la partie adverse. Dans le couloir, elle m'a confié à quel point elle était féministe – « mais dans ce dossier-là, non ! » Comme je le craignais, elle axe sa défense sur l'attitude « séductrice » qu'aurait eue Julie envers Sébastien, avec de prétendues preuves à l'appui. « En effet, elle lui partageait ses opinions, disait qu'elle était son amie, écrivait des messages à caractère sexuel, évoquait le fait de montrer ses seins », énumère-t-elle, sûre d'elle. Elle se lance également dans un portrait psychologique injuste et mensonger. Ma cliente serait une « tordue », une « folle », qui s'est comportée comme une « allumeuse » au bureau. À ce moment-là, une partie de l'assistance murmure, puis des voix s'élèvent : la famille de Julie ne peut supporter ces affronts. Accablée, le teint livide, Julie fait un léger malaise. Après un rappel au calme du président, l'avocate poursuit sans vergogne en rappelant la jurisprudence sur l'attitude ambiguë, qui « fait autorité pour abandonner toutes les demandes contre cette entreprise », avance-t-elle.

Malgré cet épisode, à la fin de la journée, difficile de ne pas croire que nous avons marqué des points. C'est ce que nous nous disons, le soir même, avec ma collaboratrice, pour nous remonter le moral. Obtenir une telle victoire au tribunal, sous les feux des projecteurs, servira peut-être de jurisprudence. Si nous l'emportons, nous aurons démontré que, même lorsque la salariée participe aux échanges dont elle se plaint, l'existence d'une pression grave ou d'une situation intimidante permet de retenir la qualification de harcèlement sexuel. En effet, un comportement participatif ne doit jamais justifier l'ambiance instaurée par la direction ! Le Défenseur des droits a souligné en 2020 que « le fait que la réclamante ait elle-même employé certains termes du même registre ne permet pas d'écarter la qualification de harcèlement sexuel », rappelant à ce sujet la situation de subordination de la salariée.

Avec ce dossier, nous avons aussi voulu démontrer l'existence d'un lien d'emprise, et insister sur le fait que le consentement, dans ce genre de situation, est fortement difficile à établir. Le lien de subordination économique peut faire déraper la salariée, mais l'employeur a une responsabilité ! Si c'est lui qui entretient un climat sexiste omniprésent, la salariée ne peut s'en détacher totalement… Dans la majorité des cas, les employées ne sont même pas en position de répondre à un harcèlement d'ambiance et le subissent intégralement. Elles l'acceptent, essaient de se faire toutes petites car elles croient être la source de cet acharnement.

À l'issue de l'audience, nous devons patienter plusieurs mois encore avant le jugement du conseil de prud'hommes. Quatre, exactement. Après tant de soirées au téléphone ou au cabinet, je passe le coup de fil décisif au conseil le jour du délibéré, à 13 heures, comme toujours. Je me présente, donne le numéro du dossier, attends pendant de longues minutes que la personne du greffe trouve la décision. C'est très souvent ainsi que j'apprends le verdict, que je préfère connaître avant mes clients, pour mieux gérer cette annonce. Je suis la première à en avoir des suées. Comme un rituel, il n'est pas rare que, la nuit qui précède ce fameux appel, je ne dorme pas. Ni que le matin je me retourne le cerveau dans tous les sens, cherchant comment j'expliquerai une déception à ma cliente, si elle survient.

Dans ce dossier particulier, je n'ai pas attendu la veille pour me préparer au pire. Je garde en tête l'attitude du conseiller prud'homal qui m'a paru insensible à la violence des actes de Sébastien. Papier et stylo en main, je redoute le pire, au ton monocorde de la dame du greffe, qui commence à me lire la décision prise par la cour… Jusqu'à ce que je me rappelle que ce ton est toujours le même, comme sorti d'outre-tombe. Je m'y suis habituée, il vaut mieux en rire. C'est interminable : la greffière me lit tout ce qui précède la décision, jusqu'à l'adresse de ma cliente et de l'entreprise, en passant par l'ensemble de nos demandes, que je connais évidemment par cœur. Puis vient cette phrase : « Le conseil a jugé que la société n'avait pas respecté l'obligation de santé et de sécurité, et la condamne à payer la somme de 110 000 euros. » C'est la délivrance. Mon interlocutrice, depuis son bureau du conseil de prud'hommes, égrène les condamnations et les montants qui correspondent. Nous avons obtenu tout ce que nous souhaitions. À commencer par la reconnaissance du harcèlement sexuel d'ambiance et du climat pornographique. Julie a pu obtenir que son départ soit requalifié et entraîne les conséquences indemnitaires d'un licenciement aux torts exclusifs de son patron. La somme obtenue est importante.

Dans cette affaire, nous attendons aujourd'hui la confirmation en appel, mais la jeune femme a pu tourner la page. Elle n'est plus sous traitement, et a retrouvé un emploi, dans une entreprise prestigieuse. Elle vient même d'avoir un bébé.

Quant à Sébastien, sa vie est moins rose. Son attitude à l'égard de ses salariés et en particulier de Julie s'est ébruitée, dans ce petit milieu professionnel où l'on commence à questionner les harcèlements du quotidien, qui y ont longtemps été banalisés. Pour finir, sous la pression de plusieurs investisseurs, il a dû quitter la start-up. Il travaille aujourd'hui en free-lance, dans le conseil, pour des sociétés de services du numérique. Aucun de ses anciens salariés, même parmi ses douteux « potes » de bar, ne l'a suivi dans sa nouvelle activité. Ce constat, lui, ne souffre pas de la moindre ambiguïté.

Allez, juste un câlin, c'est toi qui me chauffes, là…

Certaines scènes sont insoutenables. Certes, je sais que j'ai choisi mon métier pour côtoyer les plus bas aspects de la vie au travail, mais il est impossible de tout encaisser seule. Accablées par les épreuves qu'elles ont subies, les personnes que j'accompagne sont parfois au fond de l'abîme, ainsi l'accompagnement juridique se mue inéluctablement en soutien psychologique. C'est aussi une facette du métier qui me plaît. Pour le pratiquer, il faut aimer les gens, à la fois savoir rester zen et se montrer empathique. Nous sommes leur roc. Mais comment faire face à cette femme qui a perdu vingt kilos en deux mois, ou cette autre qui laisse entendre que sa vie n'a plus de sens car elle s'est fait licencier après un burn-out ? Comment ne pas paniquer lorsqu'une cliente qui a déjà fait deux tentatives de suicide ne répond plus à mes appels ?

Il a fallu que je reconnaisse que je n'étais pas armée face à un certain nombre de situations. C'est pourquoi depuis deux ans nous avons mis en place, au cabinet, des rendez-vous fréquents avec une psychologue. L'occasion pour les avocats et avocates d'évoquer les affres de leurs clients, et surtout la manière dont ils les vivent eux-mêmes ou elles-mêmes. Par ailleurs, nous nous retrouvons chaque lundi pour faire le point sur les affaires en cours, et vérifier que chacun·e d'entre nous va bien. La solidarité est la clé, dans notre équipe. On doit pouvoir parler à un·e autre avocat·e à tout moment, ne jamais être seul·e.

L'un de ces lundis matin, Chloé s'était indignée du traitement judiciaire d'une affaire de harcèlement sexuel grave. « Lors de l'audience de conciliation, vendredi, un conseiller prud'homal a été particulièrement sexiste. Il m'a demandé de plaider “gentiment” et, alors que je n'avais pas encore ouvert la bouche, m'a déclaré : “Aujourd'hui, il suffit d'être une femme pour être harcelée sexuellement. Le harcèlement sexuel, c'est la mode. Moi, je n'y crois plus ! Votre cliente, là, elle n'a que des témoignages pour attester du fait qu'on lui a touché les seins, c'est insuffisant. Vous n'avez pas une preuve écrite ?” Il a cherché le regard de l'avocat de la partie adverse pour trouver un peu de solidarité masculine, mais celui-ci m'a avoué à la sortie de l'audience avoir été particulièrement choqué par ce qui venait de se passer. »

Heureusement, il nous arrive aussi de rire de certaines situations, de certains échanges de textos incongrus dans tel ou tel dossier, ou de la mauvaise foi ridicule teintée de machisme d'une partie adverse. L'humour nous permet de relâcher la pression.

Par exemple, cette affaire où le patron harceleur demandait des photos *underboob* (laissant voir le bas de la poitrine) à notre cliente : je ne savais pas ce que c'était, ce qui a donné, sur nos PC pros, des historiques de navigation peu conventionnels. J'ai ensuite été spammée de publicités érotiques pendant un moment.

Ou encore, lorsque je suis passée sur Konbini pour la promo de mon premier livre. La nounou de mon fils a découvert la vidéo alors qu'il était à ses côtés. J'y évoquais un dossier dans lequel il était question de fellation. Cela m'a valu de me coltiner un cours d'explications le soir même…

L'optimisme et la bonne humeur ne suffisent pas toujours. En tant que femmes, ce sont indéniablement les cas de harcèlement sexuel qui nous marquent le plus. Encore une fois parce qu'ils traumatisent les femmes qui les subissent, mais aussi car ils nous renvoient nous-mêmes à nos propres expériences. Vécues dans le métro, dans la rue ou dans notre vie privée. Oui, à l'image de la société, le travail est encore le lieu d'agressions sexuelles et de viols. Selon le baromètre 2022 du cabinet Ekilibre sur les violences au travail, 11 % des sondées déclarent avoir fait l'objet de contacts physiques sans consentement sur une période de douze mois – les trois quarts de ces contacts concernent la bouche, la poitrine, le sexe, les fesses ou les cuisses –, 13 % ont fait l'objet d'une demande d'un acte de nature sexuelle.

C'est ce qu'a vécu Émilie. La trentaine, elle cumule plus de cinq ans d'expérience dans un grand groupe immobilier et gère seule une petite agence à Paris. Un matin comme les autres, elle procède tranquillement à l'ouverture de la boutique, dépose ses affaires dans l'espace central et s'installe près de la baie vitrée donnant sur l'extérieur. Vers 11 heures, le directeur régional de l'entreprise se présente pour recevoir lui-même un client. Une fois ce rendez-vous terminé, il déclare à Émilie qu'il va en profiter pour télétravailler depuis l'agence. « Et comme ça, je pourrai vérifier que tout se passe bien. » À l'extérieur, c'est un homme avenant, sympathique, toujours souriant. Émilie ne voit pas de problème à ce qu'il reste sur place, et sait de toute façon qu'elle ne peut s'opposer à son choix.

Après le déjeuner, l'après-midi ne paraît pas si productif que cela, pour cet homme qui donnait l'impression d'être très occupé. Il déambule dans les locaux, commente les offres affichées en vitrine : « Tiens, vous avez omis le DPE (diagnostic de performance énergétique) sur celle-là »… « J'avais oublié que c'était abordable, dans ce quartier »… « La vache, c'est dingue comme des gens ne savent pas décorer leur chambre, vous n'êtes pas d'accord avec moi ? » Alors qu'Émilie enchaîne les coups de fil, il s'assied en face d'elle et commente sa façon de se comporter avec ses clients.

« Vous avez une voix très sensuelle au téléphone, je trouve. Et puis vous sentez très bon aujourd'hui… Les clients sont chanceux quand ils font une visite d'appart' avec vous…

– Euh… Merci. Désolée mais j'ai un autre rendez-vous téléphonique », répond Émilie.

Monte en elle quelque chose de tout sauf agréable. Ce n'est pas de la panique. Elle se sent tout simplement coincée. Elle surveille l'horloge de manière presque maladive. 18 heures. Enfin. Son supérieur, lui, ne semble pas pressé. Alors qu'elle ferme la devanture, il l'interroge cette fois-ci sur sa carrière :

« Bon, vous êtes bien ici, ça se voit, mais vous vous verriez travailler dans une plus grande agence ? Celle du 11e pourrait se libérer, vous pourriez même avoir des renforts. Je pourrais en parler sans problème à la DRH groupe. »

Quelques heures plus tôt, elle aurait accueilli ces mots avec joie. Pour ne pas donner trop de crédit à cette proposition, elle répond d'une voix froide et monocorde :

« Ah, il faudrait que j'y réfléchisse. Oui, en plus j'habite juste à côté.

– Et votre salaire est de combien exactement, aujourd'hui ?

– Entre 3 000 et 4 000 euros brut le mois dernier, les ventes fluctuent beaucoup dans le quartier. Attendez, je vais vérifier sur l'ordinateur de l'arrière-boutique. »

Prenant place sur une chaise dans cet espace étroit, elle sent soudain la présence de l'homme derrière elle. Il pose le menton sur son épaule. Émilie sursaute, se lève et s'extrait en un instant de la pièce.

« Il faut vraiment qu'on ferme, je dois récupérer des affaires, improvise-t-elle.

– On peut au moins aller prendre un verre, non… ? Franchement, t'as quoi de mieux au programme ?

– Vous n'avez pas à me tutoyer, donc vous arrêtez et vous sortez. »

Devant ce refus, l'homme fait mine de se diriger vers la porte, mais attrape violemment Émilie par les hanches au passage, l'attirant à lui. Tétanisée, Émilie balbutie plusieurs « non », d'une voix étouffée.

L'enlaçant de force et la serrant contre son corps, il se frotte à elle avec insistance. Elle formule un « non » plus clair, il réplique :

« Allez, juste un câlin, c'est toi qui me chauffes, là… Juste un bisou… »

Se penchant vers son visage, il passe subitement sa main entre les jambes de la jeune femme. C'en est trop, elle le repousse et part en courant.

Sans doute conscient d'avoir dépassé les bornes, il lui envoie le soir même ce texto laconique : « Vous gardez cela pour vous. Cordialement. »

Bouleversée, Émilie se rend le lendemain au commissariat pour déposer une main courante. Si l'auteur des faits a eu un contact physique avec la victime, il s'agit d'une agression sexuelle.

Une agression sexuelle, au sens de l'article 222-22 du Code pénal, se fait nécessairement sur la personne d'autrui. Elle suppose un contact physique à connotation sexuelle avec la victime (attouchements, caresses, etc.). Une agression suppose également un acte imposé, c'est-à-dire que la victime n'a pas consenti à l'acte. Cela se traduit notamment par la contrainte physique ou morale de la victime, la violence, la menace ou la surprise.

Émilie peine à reprendre le travail, craque lors d'un échange téléphonique avec un client, et est finalement arrêtée par son médecin, qui lui prescrit du Xanax pour traiter son anxiété. Elle fait remonter les faits au PDG de la société, deux fois. Au bout d'une semaine, la DRH de l'entreprise revient vers elle et exige qu'elle rédige un « document Cerfa officiel » pour dénoncer le harcèlement, conditionnant la poursuite de l'enquête à la remise de cet écrit. Pourquoi ? Parce que, explique-t-on à la jeune femme, les sanctions pénales sont importantes en cas de « faux témoignage ». Pourtant, un tel document n'est pas du tout nécessaire à la mise en place d'une enquête interne en cas de dénonciation de faits de harcèlement sexuel[1]...

À plusieurs reprises, les représentants de l'entreprise remettent en question sa parole. Émilie apprend tardivement qu'il existe une référente harcèlement sexuel dans son entreprise. Instaurés en 2019, ces référents doivent accompagner les salariés sur le sujet. Lorsqu'elle interroge sa DRH sur le fait que cette référente n'a pas été sollicitée, l'intéressée se contente de répondre que son statut de DRH démontre l'importance que la société accorde à cette affaire. Mais à quoi sert cette référente, alors ? En ne déclenchant aucune enquête, l'entreprise est en faute.

Exaspérée, inquiète à l'idée de recroiser ce directeur, Émilie finit par proposer que son départ de l'entreprise soit discuté, alors même que, jusqu'à cette affaire, elle ne l'avait pas envisagé. Rien ne bouge. Elle retourne alors au commissariat, dépose une plainte pénale pour

---

1. La nouvelle définition du harcèlement sexuel est la suivante : « Toute forme de pression grave, même non répétée, exercée dans le but réel ou apparent d'obtenir un acte de nature sexuelle, que celui-ci soit recherché au profit de l'auteur des faits ou au profit d'un tiers, est également constitutif de harcèlement sexuel. » Cette définition a été modifiée par la loi n° 2021-1018 du 2 août 2021, qui ajoute que le harcèlement sexuel est constitué par des propos ou comportements à connotation sexuelle ou sexiste répétés. Retrouvez tout le droit du travail sur : https://travail-emploi.gouv.fr.

agression sexuelle par personne abusant de l'autorité que lui confère sa fonction. Parallèlement, elle nous sollicite, toujours en arrêt maladie.

Dans la plupart des cas de harcèlement sexuel, je préconise trois choses à mes nouvelles clientes : obtenir un arrêt maladie, en particulier en cas d'agression ; mettre en place un suivi psychologique rapidement (nous travaillons avec un réseau de médecins psychiatres et psychologues militants) ; enfin, préparer un mail d'alerte pour dénoncer le harcèlement subi. Ici, l'entreprise n'a jusque-là rien fait. Le mail, envoyé à tous les cadres dirigeants voire aux représentants du personnel, a le mérite de favoriser l'ouverture d'une enquête interne. Les employeurs doivent prendre toutes les mesures pour prévenir le harcèlement. Il peut arriver que l'entreprise réagisse mal à un message d'alerte, se retourne contre la salariée voire la licencie, mais un salarié ne peut être sanctionné pour avoir dénoncé des faits de harcèlement. Seule exception, bien sûr : si la dénonciation est basée sur des faits imaginaires. Ce qu'a peu délicatement sous-entendu la DRH d'Émilie.

Souvent, ces enquêtes sont décevantes. Le harceleur présumé écope à peine d'un avertissement et on lui propose un simple coaching sur les violences sexistes et sexuelles. Devant ce genre de résultats, nous contestons le rapport d'enquête et enclenchons une procédure. Mais l'enchaînement demeure assez long, pour les victimes, qui sont (faut-il le rappeler ?) en état de choc et de grande détresse.

Il arrive aussi que les investigations autour d'une situation de harcèlement tournent mal. Je l'ai vu assez récemment dans une entreprise de construction, avec une cliente cadre qui a osé dénoncer l'attitude prédatrice de son supérieur. Ce dernier avait pour spécialité de prendre des photos volées des jupes, des jambes et des fesses des femmes. Elle l'apprend lors de la soirée de vœux de l'entreprise, et fait alors en sorte de ne plus se retrouver seule avec ce chef, ne porte plus de jupes, restant sur ses gardes lorsqu'il se trouve près d'elle. Ce qu'elle craignait finit par arriver. Un jour où elle a le malheur de porter une jupe, à la sortie d'une réunion avec cet homme, elle le surprend en train de la photographier par-dessous. En état de sidération, elle n'ose pas le confronter mais prévient ses collègues qu'elle a à son tour été victime de son obsession malsaine. Cela ne les choque pas, tant ce genre d'épisode est récurrent. Un collègue lui répond : « Tu étais en jupe ?! Eh ben voilà, la jolie robe et *hop* ! *Clic-clac*, c'est Kodak. »

Le lendemain, à l'occasion d'un cocktail au sein des bureaux, plusieurs salariés sont témoins d'une scène au cours de laquelle il prend une série de photos d'une stagiaire de 20 ans tandis que celle-ci a le dos tourné. Ma cliente et d'autres salariés avertissent les ressources humaines, qui organisent un rendez-vous avec la médecine du travail. Cette dernière alerte officiellement le

DRH de la situation. Le médecin écrit notamment : « Son attitude décrite comme caractéristique (mélange d'excitation et de satisfaction) lors de la prise d'une photographie est ressentie comme anormale et perturbante pour ceux qui le voient faire. Sa position de manager et son caractère charismatique font que personne n'a osé lui demander d'arrêter. Des répercussions existent dans le travail : les salariées femmes, qui savent, ne veulent pas se retrouver en tête-à-tête avec cette personne. Des salariées ont, semble-t-il, démissionné et/ou changé de poste pour ce sujet. Ces agissements sont connus depuis longtemps. »

Malheureusement, ces entretiens concordants – et éprouvants pour les victimes – ne débouchent sur rien. Pire, le dirigeant est informé que c'est ma cliente qui a lancé cette « cabale » contre lui. Il ne lui adresse plus la parole, ce qui est caractéristique d'un harcèlement moral. De son côté, perturbée par le comportement de son supérieur, elle subit cette mise à l'écart en silence, ne se rend plus aux déjeuners d'entreprise, fuit les bureaux et les cocktails. On la change de poste de travail, mais elle doit continuer de participer à des réunions avec cet homme, à des déplacements professionnels où elle loge dans le même hôtel que lui. Face à l'inaction, et faute de conditions de travail sereines, elle demande une rupture conventionnelle en raison du harcèlement subi. Refusé. Elle démissionne, sollicitant la possibilité de ne pas effectuer son préavis, pour ne plus croiser son supérieur. Une année après, alors qu'elle a retrouvé un emploi, elle réalise que cette histoire l'a profondément marquée, qu'elle en fait encore des cauchemars, que la photo de sa culotte est toujours dans le téléphone de ce porc, nullement inquiété dans son entreprise.

Cela fait quelque temps qu'elle me suit sur les réseaux sociaux. Elle me contacte via Instagram et nous prenons rendez-vous. Les faits ne sont pas prescrits. Avec Marion, ma collaboratrice, nous lui expliquons les différents scénarios possibles : négociation avec son employeur ou saisine de la juridiction civile, ou pénale, ou les deux. Nous optons pour une saisine du conseil de prud'hommes, très étayée, pour frapper fort dès le début.

L'entreprise a dû avoir peur. Elle nous a contactées très vite pour une transaction, d'un montant au-dessus de leur risque contentieux. Le silence de cette victime a été acheté très cher. Mais, selon mes recherches LinkedIn, le pervers des photos de culotte est toujours dans les effectifs.

Quand les faits sont de cette nature, ils peuvent constituer les signes avant-coureurs d'une agression plus grave. Pourtant, ils passent encore massivement sous les radars. Sur l'année de référence de l'enquête VIRAGE (Violences et rapports de genre, 2015), le harcèlement sexuel au travail a officiellement concerné environ 320 000 femmes âgées de 20 à 69 ans, soit 2,6 % des femmes en emploi de cette tranche d'âge. C'est deux fois plus que chez les hommes. Pour les femmes, ce harcèlement consiste majoritairement en des propos ou attitudes à caractère sexuel répétés. Questions sur la vie privée, remarques salaces, mime de gestes sexuels ou diffusion d'images pornographiques… Soit autant de faits qui peuvent porter atteinte à la dignité des personnes. Cela comprend « toute forme de pression grave, même non répétée, exercée dans le but réel ou apparent d'obtenir un acte de nature sexuelle », dit la loi. Une circonstance aggravante est prévue par le Code pénal lorsque le harcèlement sexuel est commis par une personne « ayant sur la victime une autorité de droit ou de fait ».

Cette autorité, c'est aussi celle qu'a le directeur d'Émilie, à l'agence immobilière. Quelques minutes avant de l'agresser, cet homme a sous-entendu qu'il pouvait lui offrir une promotion. Malgré la gravité des faits, il n'y a finalement pas eu d'enquête interne. L'agression a pourtant été reconnue comme accident du travail par la caisse primaire d'assurance-maladie… Nous avons engagé une procédure. Dans ses conclusions et au procès, l'entreprise ne cache pas ce qu'elle pense de la dénonciation faite par ma cliente : celle-ci mentirait, voudrait en tirer parti pour négocier son départ. L'agresseur n'a même pas été questionné, alors qu'il y a eu des précédents de harcèlement le concernant. Et il a été promu peu après. En première instance, l'employeur échoue à démontrer que les faits établis par Émilie sont étrangers à tout harcèlement. La justice nous donne raison sur une bonne partie de nos demandes. Finalement, nous signons un accord financier entre le premier jugement et l'appel. Il n'y aura donc pas d'appel dans ce dossier. Aujourd'hui, cette travailleuse est toujours sans emploi.

Encore une fois, peut-on se satisfaire de l'issue amiable d'affaires comme celle-ci ? Qui garde les stigmates de ces événements traumatisants ? Depuis l'émergence du mouvement #MeToo en 2017, la honte a, parfois, changé de camp. Mais le silence et la sidération grèvent la mise en lumière de situations qui peuvent arriver dans n'importe quel environnement de travail. La plupart des victimes de harcèlement sexuel que je côtoie démissionnent, puis des années après se rendent compte qu'au fond, elles voudraient bien agir. Souvent, les faits sont prescrits. La victime en effet n'a que six ans à compter des faits présumés pour aller en justice.

Rappelons-le enfin : les violences sont presque toujours le fait d'un homme, et une ou des femmes en sont les victimes. En 2021, 96 % des mis en cause pour des infractions sexuelles hors du cadre familial étaient des hommes, selon le ministère de l'Intérieur.

J'ai dû attendre treize ans d'exercice pour découvrir le premier dossier où une femme est autrice de harcèlement sexuel… Mais sur une femme, toujours. L'affaire vient de m'arriver : c'est encore une fois une cadre de direction qui fait pression, ici sur une assistante administrative. S'autoproclamant « coquine », elle lui touche souvent les seins et lui a déjà mis une main aux fesses. Elle lui envoie régulièrement des photos de sa propre poitrine. Ma cliente, non intéressée, en souffre, ose le dire. Quelle est la réaction de sa supérieure ? En réunion, devant tout le monde, elle lui pose la main sur la cuisse. Ma cliente réagit alors violemment, et tous les participants lui disent – à elle ! – de se calmer. Elle est aujourd'hui en arrêt maladie, et nous sommes dans la phase où nous recueillons les preuves avant d'alerter le conseil de prud'hommes. Cette jeune femme, humiliée devant toute son entreprise, est l'une de celles que je surveille avec attention, précisément parce que j'ai peur qu'elle se fasse du mal.

Je vous rappelle que je suis votre employeur : Est-ce bien clair ?

« C'est drôle, les feuilles des arbres n'étaient pas très jaunes, pour un mois d'octobre. » La précision du récit de Christine m'impressionne autant qu'elle m'inquiète. C'était il y a cinq ans, mais elle s'en souvient dans les moindres détails. Elle me décrit le parc jouxtant le siège de son cabinet d'expertise comptable. Elle le connaît par cœur, ce parc, de la grille de fer forgé au petit plan d'eau en forme de losange. C'est là, sous les arbres, qu'elle a l'habitude de déjeuner, chaque midi, quand la météo le permet, depuis 1996. Ce jour-là, après une réunion qui a traîné en longueur, Christine partage un sandwich avec Michel, le patron. Rien d'exceptionnel, puisqu'ils travaillent dans les mêmes bureaux depuis vingt-cinq ans. Il l'a formée aux rudiments du métier, l'a embauchée comme assistante avant qu'elle ne devienne comptable dans son entreprise. Grâce à lui, la jeune mère avait trouvé un gagne-pain – pas une mince affaire, dans cette petite ville de l'Est de la France. « J'ai toujours eu beaucoup de respect pour lui, me glissera-t-elle. Un homme élégant. Il m'a toujours vouvoyée, alors j'ai fait de même. Même quand d'autres salariés sont arrivés, et qu'ils ont commencé à le tutoyer. »

Michel et Christine sont assis sur leur banc, comme d'habitude, devant le plan d'eau. Mais au fil de la conversation, le visage de Michel se fait grave :

« Vous savez, Christine, nous avons parcouru beaucoup de chemin ensemble, depuis les années 1990. Le métier a bien bougé, n'est-ce pas… Mais vous, vous avez toujours été là, et pour cela je vous remercie.

– Oh, il n'y a pas de quoi, monsieur, c'est une fierté de faire tourner le cabinet, et… »

Il la stoppe, tend le bras vers elle, lève la main puis fronce les sourcils.

« Justement, vous êtes au courant… Nos finances ne sont pas vraiment au beau fixe. C'est pour cette raison que j'ai organisé ce rendez-vous.

– Quel rendez-vous ?

– Oui, pardon, j'aurais dû vous prévenir. En même temps, autant profiter des derniers rayons de soleil, non ?

– C'est à propos du dossier de la boulangerie, c'est ça ? Je sais que j'ai fait une petite erreur, si c'est de cela que vous voulez parler… »

Avec le temps, la plupart des commerces du centre-ville ont vu leur dossier tomber dans l'escarcelle de Christine, augmentant sa charge de travail. Parfois accompagnée de quelques confusions dues à la fatigue.

« Non, reprend le quinquagénaire, qui garde la même expression inquiétante. Enfin, si. Cela a peut-être un rapport… En tout cas, j'ai comme l'impression que vous vous lassez, que vous n'avez plus la même niaque qu'auparavant. Vous semblez débordée par vos responsabilités, et comme je suis attaché à vous, cela me peine. Cependant, on ne peut pas se permettre de lésiner sur la qualité du travail. Donc, voilà, je vous le dis car nous n'allons pas tourner autour du pot : j'ai décidé de vous rétrograder au statut d'aide-comptable.

– P… Pardon ? Mais… cela veut dire que mon salaire va baisser ?

– Oui. Écoutez, je pense que c'était une erreur, de vous faire monter comme cadre. Donc, je suis désolé mais il est mieux pour nous tous que vous retrouviez votre ancien poste auprès de moi. Comme une sorte de bras droit. Si je ne le fais pas, nous ne pourrons pas garder la jeune en CDD.

– Elle s'appelle Alexandra… Mais pourquoi moi ? Enfin, vous savez très bien tout ce que j'ai donné pour vous… Et ma retraite, vous y avez pensé ? »

Christine n'ignore pas que l'écart entre ces deux échelons est de 400 euros mensuels. Face à cette dernière question, légitime, le visage du patron change, il fait la moue, tout en baissant la tête. L'air de dire : Vous êtes sérieuse ? Enfin, tout de même, soyez raisonnable…

Alors qu'elle me raconte cet entretien d'une rare violence – surtout après vingt-cinq ans de carrière –, je ne perçois pourtant chez Christine aucune colère à l'égard de cet homme. Elle égrène plutôt toutes les erreurs qu'*elle* a pu faire, lui semble-t-il, durant les mois qui ont précédé. « Et puis, c'est grâce à lui que j'avais eu ce boulot… »

Si l'on ouvre le dictionnaire, on peut lire que l'emprise est l'« ascendant intellectuel ou moral de quelqu'un sur une personne », une « relation de domination, de manipulation et de maltraitance, utilisant la violence psychologique (dévalorisation, isolement de l'entourage, contrôle, menaces, etc.), voire la violence physique ou l'abus sexuel, en alternance avec des marques d'affection, ce qui a pour effet de vulnérabiliser une personne et de la maintenir dans un état de dépendance psychologique ».

En entreprise, les relations d'emprise sont fréquentes. Je vois régulièrement des salariés dans le déni, continuant de défendre un supérieur qui leur mène pourtant la vie dure. C'est parfois leur mentor, celui qui les a formés : sans lui, il ou elle ne serait pas là. Et par son simple fait, leur carrière peut décoller ou s'écrouler. Comme les temps sont durs, et qu'il n'est pas envisageable de perdre l'emploi d'une vie, tout pousse le collaborateur ou la collaboratrice sous emprise à endurer. Je le précise d'emblée, ce genre de rapport de domination n'est absolument pas réservé aux hommes. Des dirigeantes alimentent les mêmes liens de subordination toxiques avec leurs employées.

Par le fait de cette seule relation malsaine, même dans des entreprises tout à fait saines, j'ai vu des gens perdre du poids, ou jusqu'à leurs cheveux, abandonner l'idée d'un sommeil régulier, enchaîner les crises d'angoisse… À mon cabinet, j'ai vu des femmes couvertes d'eczéma, comme si toutes les piques de leur supérieur toxique se matérialisaient sur leur corps.

Cette cliente, Christine, n'a pas particulièrement somatisé sa souffrance psychologique. Ici, le déséquilibre est frappant et semble digne d'un autre siècle. Si Christine respecte toujours son patron, lui qui l'a toujours considérée comme une secrétaire, lui à qui elle doit obéir, c'est parce qu'elle estime qu'il la « traite bien ». Or, la réalité dit tout le contraire. Prenons l'exemple d'une journée type dans le bureau de la petite entreprise du bon Michel, après la rétrogradation de sa chère Christine.

8 h 45. La petite dizaine d'employés s'installent à leurs postes respectifs. Ils prennent des nouvelles les uns des autres. Olivier, un comptable expérimenté, arrivé il y a trois ans, rentre tout juste de congés. Il raconte à Christine sa semaine à la montagne :

« Ça m'a fait du bien de faire une pause, la semaine d'avant j'étais à deux doigts d'exploser ! Mais toi, ça fait longtemps que t'es pas partie, non ? »

Elle s'éclipse rarement, pour la simple raison qu'elle fait l'impasse sur ses ses congés. Dans le cadre de sa relation « privilégiée » avec Michel, ce dernier lui a accordé qu'ils se cumulent d'une année sur l'autre. En réalité, les jours s'empilent et, ses congés, elle ne les prend jamais.

10 heures. Le patron entre dans le petit bureau partagé, l'air préoccupé. Il s'en prend à Sabrina, en cognant sur la porte :

« T'étais où hier, aprèm ? Je t'ai cherchée partout, tu peux pas te permettre de disparaître comme ça, merde ! C'est la fin de l'année, on a plein de comptes à boucler, je vous veux tous ici. Et ne commencez pas à me parler de télétravail. Prenez exemple sur Christine : elle bosse 35 heures, pas 39, et pourtant elle est plus efficace que vous. C'est parce qu'elle est dévouée, et vous, vous êtes des… des moins que rien ! »

Sur cet encouragement, Michel sort. Le climat de peur est constant, cet homme peut s'emporter à tout moment. Pour lui, un salarié doit être dévoué. Toute absence est reprochable : pause, arrêt de travail, congés. À l'occasion d'une des rares demi-journées de congé prises en semaine par Christine, il s'est fendu d'un SMS : « Je vois qu'on profite bien… »

13 heures. Christine rentre de déjeuner, un en-cas avalé en vitesse car elle sait que son boss n'aime pas les pauses, surtout quand il est d'humeur massacrante, comme aujourd'hui. Dans ce court intervalle, il a pris le temps de coller des Post-it sur plusieurs des dossiers qu'elle partage avec lui. « Toujours pas fini. Vous vous moquez de qui ? » Ce genre d'agression verbale, manuscrite ou par mail, lui est réservé au quotidien. Elle s'estime heureuse quand les remises en question de son travail se font sous cette forme plutôt qu'en public.

16 heures. L'acharnement se poursuit par mail. Cette fois-ci, toute l'équipe est en copie, mais c'est bien Christine qui est destinataire. « Je vous rappelle que je suis votre employeur. EST-CE BIEN CLAIR ? » L'usage des majuscules fait partie de la panoplie.

18 h 30. Alors que tout le monde a quitté le bureau sauf sa « fidèle salariée », Michel vient s'asseoir face à elle. Il évoque ses congés :

« Je sais que ce n'est pas trop votre truc de partir en vacances, que vous ne savez jamais trop quoi faire, alors je vous propose de retirer vingt jours de votre solde. De toute façon, vous ne pourrez pas les prendre, et nous avons trop de choses à faire. Vous n'en parlez pas aux autres, cela va de soi. »

Une fois de plus, à la fin de cette journée, Christine ne s'est pas plainte. Elle a considéré que son patron lui faisait une fleur. Il lui retirait certes un mois de repos, mais ne la licenciait pas.

Cette peur instillée au quotidien n'est rien d'autre qu'une des formes du harcèlement moral. La jurisprudence illustre ce concept par des critiques irrespectueuses et injustifiées, une habitude qui consiste à hausser le ton, crier, humilier, menacer, mettre à l'écart. Dans ce cas d'espèce, tout y est. En droit, la caractéristique principale du harcèlement moral est la répétition des faits, accompagnée d'une « dégradation notable des conditions de travail », qui entraîne une atteinte à la dignité, l'avenir professionnel ou la santé du salarié.

C'est souvent grâce à une aide extérieure ou une mobilisation collective que cesse l'emprise. Dans cette histoire, un coup du sort enclenchera la sortie de crise. Homme violent et caractériel, Michel s'en prend un jour physiquement à Olivier, dans l'escalier de l'entreprise. Bousculé, Olivier tombe à la renverse. Il est blessé à la jambe. Dans l'heure, il porte plainte. Conscient de sa faute – pour une fois –, Michel propose par la suite une transaction à son salarié, qui l'accepte et quitte la boîte contre un chèque de plusieurs dizaines de milliers d'euros. Cependant, la clause de non-action contenue dans un accord ne couvre jamais le risque pénal. En l'espèce, le procureur décide de dépêcher une enquête de police. Tous les salariés sont entendus, et c'est dans le cadre de ce dossier pénal que mon cabinet est contacté, par une salariée. Elle nous redirige vers deux autres employés, dont Christine.

Cette enquête libère la parole. Tandis que Michel s'excuse à moitié pour un « management peut-être encore à l'ancienne », ceux qui travaillent avec lui décrivent méticuleusement son comportement. Les collègues et la famille de Christine l'encouragent à témoigner, car ils savent le rôle néfaste que cet homme a joué dans sa vie. Poussée par ces marques de soutien, Christine verbalise pour la première fois une somme d'agissements. Malgré les éléments de preuve dont elle dispose, il est cependant inenvisageable pour elle de quitter la société ni d'imaginer un procès aux prud'hommes.

Quand elles figurent encore dans les effectifs, il est très difficile pour moi de faire entrer certaines femmes en rébellion. Une forme de fidélité les retient. Christine reste donc en poste. Problème : du côté de Michel, les choses empirent. Dans sa bouche, les insultes se mettent à fuser. « Bande d'incapables, personne se remue le cul… Vous faites chier, avec vos problèmes de bonnes femmes. » Et pire. Veut-il maintenant se venger parce qu'il se doute que certains de ses salariés ont révélé à la police des éléments compromettants ? Les mails envoyés à Christine deviennent toujours plus infantilisants : « Une nouvelle fois, je dois vous demander de relancer ce client, je le répéterai s'il le faut jusqu'au bout. » Comme à son habitude, il profite des absences de la comptable pour surligner certains passages de ses dossiers, agrémentés de Post-it qui hurlent : « AGENDA EN ROUGE. Vous avez un mois pour que toutes les tâches rouges soient traitées. Est-ce bien clair ? Vous effectuez ce que je vous dis de faire. Je ne suis pas votre secrétaire. »

Christine a, elle, l'habitude de trier le courrier de Michel. Un matin, alors qu'elle lui apporte un paquet de factures, il le lui arrache des mains et le balance de toutes ses forces vers la porte. « Vous ne voyez pas que je suis au téléphone ? Putain ! » Le dossier manque de peu de la toucher. Elle s'enfuit en courant.

Cette fois, c'en est trop. Elle est placée en arrêt maladie le lundi suivant. Elle ne quitte plus son lit. Christine se retrouve plongée dans une profonde dépression. Elle écrit à sa sœur : « Me jeter dans le fleuve résoudrait pas mal de choses. » Son arrêt de travail se prolonge.

Quand son état s'améliore, elle accepte enfin que nous montions ensemble un dossier pour résiliation judiciaire de son contrat aux torts exclusifs de l'employeur, rendant nul son licenciement en raison du harcèlement subi. Comme les preuves sont nombreuses – ses collègues sont prêts à témoigner –, et que Christine a beaucoup d'ancienneté, la somme globale demandée est considérable. Nous voulons douze mois de salaire en raison du harcèlement moral, et d'innombrables heures supplémentaires. À la lecture de la requête que nous nous apprêtons à envoyer, Christine nous écrit pour nous remercier de notre travail. Le lendemain matin, elle nous rappelle : « J'ai réfléchi, je crois qu'on demande trop. Il va hurler, il va encore me menacer. Je préférerais qu'on arrête tout. » Nous la pensions déterminée à le faire payer, mais sa fidélité est décidément tenace. Elle garde cette attitude alors que Michel s'apprête à comparaître devant le tribunal correctionnel pour les violences envers Olivier et l'ensemble des salariés.

Ce dossier, je le gère avec Marion, ma collaboratrice, qui est dans sa troisième année d'exercice. L'audience pénale est une première médiatique pour elle, car nous avons décidé de saisir la presse de cette affaire, emblématique selon nous du harcèlement moral. Je la savais prête mais je constate qu'elle assure, à l'audience et avec les journalistes. Évidemment, elle me paraît très stressée jusqu'à sa prise de parole, comme nous le sommes toutes avant une audience. Cette tension n'a jamais disparu, même si cela fait treize ans que je porte la robe. Pour moi, voir briller Marion est une fierté immense. L'encourager à prendre sa place en tant qu'avocate, l'aider à se débarrasser de ce fichu syndrome de l'imposteur et à se sentir légitime est un puissant moteur.

Michel le patron odieux écope finalement de six mois de prison avec sursis, et de lourds dommages et intérêts.

De notre côté, nous gardons une date de procès aux prud'hommes. Nous n'allons sans doute pas transiger. Après tout le cheminement psychologique parcouru par Christine, une négociation ne lui permettrait pas de mettre cet homme derrière elle. Elle a besoin d'une décision de justice pour se sentir victime, et « réparée ».

Certaines entreprises n'hésitent pas à recourir à toutes sortes de subterfuges pour contrer l'accusation d'emprise. Ainsi du retournement du harcèlement moral. On le connaît depuis plus longtemps que l'emprise, au point que l'expression même a perdu de son sens : le harcèlement moral est banalisé, mis à toutes les sauces. Plus grave, il est instrumentalisé par certains employeurs pour se débarrasser de salariés. La carte « harcèlement moral » est de plus en plus utilisée à l'encontre de salariés pour les faire taire ou les exfiltrer. À l'aide d'enquêtes internes totalement biaisées, fondées sur des faits inventés de toutes pièces, avec des attestations de collègues obtenues grâce aux liens de subordination économique, certaines directions peuvent mettre la pression sur un salarié dérangeant. Humilié devant une bonne partie de l'entreprise, on lui propose alors une rupture conventionnelle, en donnant l'impression qu'on lui fait une fleur… car il serait un « harceleur » que l'on doit éliminer.

L'une de mes clientes a reçu une telle proposition dans les circonstances qui suivent. Élue au CSE,

Joséphine relevait souvent les inégalités salariales, dans la start-up où elle travaillait. Un beau jour, une accusation de harcèlement moral lui tombe dessus, sortie de nulle part. Son manager lui explique simplement qu'il y aurait des « éléments solides » contre elle. Elle se cabre, fait l'objet d'une enquête interne, qui aboutit à son licenciement pour faute. Voici les « éléments solides » en question, mis en évidence par le psychologue qui chapeaute l'investigation – passons sur le fait qu'il s'agit d'un praticien avec lequel l'entreprise travaille régulièrement, cette relation d'affaires créant nécessairement un conflit d'intérêts : ma cliente a demandé du silence et fait « pffftt » dans l'open-space, ce qui a pu paraître comme un signe d'agacement ; une fois, elle a pris une feuille des mains de sa jeune collègue, près de la photocopieuse. Cette dernière fait état d'une relation d'« emprise » avec Joséphine. Mais en réalité, aucune des personnes travaillant directement avec elle n'a été interrogée. Dans le formulaire, tous les griefs possibles lui sont imputés, il est écrit « RETENU » à côté de chacun d'entre eux. Difficile de ne pas rire devant un tel procès stalinien. Fort heureusement, nous sommes dans le cas d'une élue du personnel, où le licenciement pour faute doit être impérativement validé par l'inspection du travail. Qui le refuse. Nous avons retourné ce dossier contre la boîte, laquelle a dû payer plus de deux ans de salaire à Joséphine, soit bien plus que ce qu'elle aurait obtenu devant une juridiction, du fait notamment de sa faible ancienneté.

Parfois, les accusations sont grotesques mais permettent tout de même à une entreprise de licencier pour faute grave. C'est ce qui est arrivé à Nathalie, salariée d'une compagnie d'assurances à qui l'on reproche de créer une « ambiance sexuelle » au travail, sans le moindre élément concret pour fonder cette grave accusation. Lors de son entretien préalable, de « nombreuses preuves » illustrent son comportement « inapproprié » avec son équipe : Nathalie aurait parlé de sa vie amoureuse sans que les salariés en aient envie, elle aurait dit « pas touche, il est à moi » à propos d'un directeur régional. Sans évoquer le fond, il paraît hallucinant de licencier si légèrement… Il est aussi question d'un encadrement, sur son bureau, qui abrite un Photomaton d'elle avec le PDG de l'entreprise. « Certains de vos collègues y ont vu une tentative d'intimidation, une volonté de leur faire croire que vous aviez une relation avec lui », lui dit le DRH lors de l'entretien. Nous avons démonté cette enquête bidon, biaisée et humiliante. Mais il est important de comprendre que tous les salariés ne contesteront pas, et c'est précisément la raison d'être de ces enquêtes. Ces histoires nous servent souvent de rappel, avec mes collaborateurs du cabinet : le « harcèlement moral » et « l'emprise » sont parfois utilisés à tort et à travers. Ces notions sont à manier avec minutie, car les mots ont un sens et les conséquences peuvent être très lourdes.

Quand l'emprise est bien réelle, la victoire de nos clientes nous rend particulièrement fières et fiers. Elles nous le rendent bien. Avant même que son contentieux ne se termine, j'ai reçu de la part de Christine un gigantesque bouquet de fleurs, accompagné d'un objet surprenant, la toute première calculatrice dont elle s'était servie dans son entreprise. Pour me remercier de l'avoir « poussée à se bouger ».

Vous nous faites un enfant dans le dos

J'ai aujourd'hui deux enfants, un garçon et une fille. J'ai 31 ans quand j'attends le premier. Je suis alors collaboratrice depuis quatre ans dans le cabinet où j'ai fait mes gammes. Bienveillants et attachants, mes collègues me confient de plus en plus de dossiers. À la suite de plaidoiries convaincantes, le bouche-à-oreille me permet même d'en avoir certains à mon nom. Des clients « perso », comme on dit chez les avocats, qui viennent pour moi et non pour le cabinet – je les gère en parfaite autonomie. Un enchaînement logique s'offre à moi, devenir associée. Alors, le jour où tombe ce test de grossesse positif que pourtant j'attendais, je ne peux retenir des sentiments contradictoires. En y réfléchissant, est-ce une bonne idée de devenir mère maintenant ? Et si les avocats associés le vivaient comme une forme de trahison ? Et si je n'arrivais plus à tenir la cadence à mon retour de congé maternité ? Et si les responsabilités de mon métier n'étaient tout simplement pas compatibles avec la parentalité ? Je me souviens de la remarque d'une consœur peu amène, représentant l'entreprise dans un dossier de discrimination du fait de la grossesse : « Nous, les avocates, on n'a pas de congé maternité, hein ? Sinon, ça se saurait. »

À mille lieues de là, dans une autre ville, Marianne tombe enceinte au même âge que moi. Je ne la connais pas encore, et j'ignore que je la défendrai plus tard face à son employeur. Elle est chargée de projet dans un prestigieux cabinet de conseil international, où elle exerce depuis dix ans. Son compagnon et elle ont longtemps repoussé leur désir d'enfant, impensable selon eux au regard de son temps de travail, qui tutoie parfois les soixante-dix heures hebdomadaires. Elle s'est dit qu'elle devait d'abord s'offrir une certaine stabilité professionnelle. Et puis, à ce moment précis, les bruits de couloir s'amplifient autour d'un certain dispositif à venir, baptisé « Saturne », offrant la possibilité d'investir sur des produits très lucratifs, réservée aux collaborateurs les plus performants. Il s'agit de ne pas se rater, ces prochains mois… Mais qu'à cela ne tienne : elle ne veut pas sacrifier un bonheur devant l'autre.

Nos deux histoires sont celles de tant de femmes dont l'ascension professionnelle était jusque-là restée sans accroc. Dans le monde du travail, il arrive encore que la grossesse soit un « événement professionnel » au même titre qu'elle est une grande étape personnelle. Et quand on parle d'événement, il ne s'agit pas toujours d'un moment festif. Pourtant, la loi est protectrice, et dit bien qu'une salariée ne peut être sanctionnée ou faire l'objet d'une mesure discriminatoire en raison de sa grossesse. Selon le baromètre du collectif #StOpE, la maternité continue d'être perçue comme un « problème » pour l'entreprise et un « handicap » pour la carrière des femmes. Trois femmes sur quatre font état de ce type de propos d'ordre général, et 23 % à leur sujet ! Ces proportions sont énormes, quand on sait que 49 % des actifs, en France, sont des femmes. Pourquoi, alors que traditionnellement la société se réjouit d'une naissance, le congé maternité est-il encore si problématique ? Comment une absence légitime de quatre à six mois peut-elle remettre en question des années de bons et loyaux services ?

Une femme sur dix cache sa grossesse le plus longtemps possible par crainte de la réaction de son employeur[1]. Tout commence en effet par l'annonce, avec ses atours de dilemme légèrement empoisonné : faut-il attendre avant de le dire à son manager, à sa direction ? L'annonce d'une grossesse donne souvent

1. Sondage ODOXA pour PremUp, « Femme enceinte et environnement professionnel », avril 2015.

la couleur sur la façon dont un employeur considère le fait que ses salariés deviennent parents. Si la majorité des dossiers de discrimination à la maternité porte sur des événements postérieurs à la naissance, la discrimination dès la grossesse existe bel et bien. Un employeur peut s'en servir pour fragiliser la carrière d'une salariée. Et comme d'autres discriminations, elle est parfois difficile à prouver, ce qui incite à dissimuler sa grossesse tant que c'est encore possible. À regret, je suis la première à le proposer aux femmes en quête de conseils, mais dans deux cas de figure en particulier.

Premièrement, lorsqu'elles candidatent à un emploi, sont en période d'essai, et surtout en contrat précaire dont elles visent la pérennisation. L'employeur peut refuser d'entériner un CDI sans avoir besoin de se justifier. S'il est malveillant, il saisira l'opportunité que constitue la grossesse pour ne pas intégrer ou se séparer sans mal d'une future mère potentiellement moins disponible dans son emploi.

La seconde situation, c'est lorsque l'on a candidaté pour une mobilité interne. Il arrive très souvent que la promotion tant attendue passe sous le nez de mes clientes en raison d'une grossesse. Mieux vaut donc signer sa promotion avant cette annonce, avec la négociation salariale qui correspond. Dans l'attente, je n'aurai qu'un conseil : opter pour la discrétion d'une bonne vieille robe chasuble…

Encore récemment, l'une de mes clientes, Samia, a été licenciée enceinte. Comme une part non négligeable de mes clientes discriminées, elle suivait un parcours de procréation médicalement assistée (PMA). Cette méthode demande beaucoup de temps, avec de nombreux rendez-vous. Après des années de galère, l'heureuse nouvelle arrive enfin, mais Samia préfère cacher sa grossesse car elle constate le climat tendu qui entoure l'avenir de sa société, en pleine restructuration. Un matin, son patron la convoque dans son bureau et lui annonce qu'elle doit quitter l'entreprise dès le lendemain. Selon lui, elle l'aurait trahi en ne mentionnant pas son « projet » de grossesse. Comment l'avait-il appris ? La jeune femme avait fait l'erreur de réserver un rendez-vous médical via son adresse mail professionnelle… Or, pris de doutes sur son état, le dirigeant s'était permis un petit tour sur sa boîte mail professionnelle, « pour vérifier ». Comme la simple démarche de PMA sans être enceinte ne garantit pas la protection légale, il avait décidé de la licencier sur-le-champ. Malheureusement pour lui, nous allons faire annuler cette procédure car en réalité Samia était déjà enceinte. Il est important de le savoir : en cas de licenciement, on a quinze jours pour le rendre nul en apportant une preuve de sa grossesse. Mais toutes les femmes en PMA n'ont pas la chance de cette cliente, et la question de leur protection dans l'entreprise est trop peu abordée. Le processus de PMA, douloureux sur le plan personnel, est également la cause de nombreux freins à la carrière des femmes. Certaines ne bénéficient d'aucune évolution au sein de leur entreprise mais s'estiment déjà heureuses de ne pas être licenciées comme d'autres dont le parcours médical de combattante est découvert.

De mon côté, j'ai également eu beaucoup de chance, même si cela ne devrait pas en être une. Alors que j'ai osé douter de leur réaction, mes anciens camarades de bureau se montrent particulièrement bienveillants, comme ils l'ont toujours été avec moi. Je deviens même associée alors que je suis enceinte de sept mois. Ailleurs, cette annonce aurait signifié le risque de voir des collègues ou des managers changer du tout au tout, subitement. C'est le cas pour Marianne, la consultante évoquée au début de ce chapitre. Si elle se coltine immédiatement les maladroits, qui sans penser à mal lui souhaitent « un bon repos » ou de « vraiment prendre du temps pour toi », il y a aussi ceux qui mettent les pieds dans le plat. « Mais, comment on va faire sans toi ? », lui lance de but en blanc son vis-à-vis lors d'un déjeuner, dès le lendemain de l'annonce de sa grossesse à son équipe. Ne s'est-elle pas posé cent fois la question ? C'est bien tout le problème, non ? Or, c'est à l'entreprise de prendre en compte cette donnée immuable de l'emploi des femmes.

Une fois la peur passée vient la culpabilité. Quelques semaines plus tard, Marianne fait face à un arrêt de travail précoce car sa grossesse se révèle difficile. Dès le troisième jour de convalescence, elle reçoit un message vocal très agressif de sa manager, accompagné d'un SMS accusatoire : « Tu me fous bien dans la merde, j'aurais bien aimé que tu puisses quand même me passer un coup de fil et qu'on règle deux ou trois sujets avant ton congé mat' pour que je puisse gérer proprement tes trucs, là. » Marianne s'exécute. Rebelote une semaine plus tard, après trois appels manqués – Marianne a passé le week-end au lit. « Peux-tu assurer un service minimum de réponse, stp ? Tu es cadre de niveau trois, tu ne peux pas disparaître comme ça. » Malgré les douleurs, elle s'efforce donc d'assurer ce service minimum, de chez elle, en pensant à son retour, et à ce projet « Saturne » dont elle attend beaucoup. Le stress la ronge, et son bébé se porte mal.

Ce n'est pas mon cas. Je n'ai pas l'impression de mettre mes confrères et clients dans l'embarras, aidée par cette première grossesse qui se déroule sans encombre ou presque. Je reste longtemps en bonne forme, hormis vers la fin, où j'aurai de grandes difficultés à me déplacer à pied ou en transports en commun. Quiconque me connaît sait l'importance qu'ont ces trajets dans la rue pour moi : ils me servent à passer mes coups de fil, quand je n'écoute pas une playlist pour me mettre dans l'ambiance d'un procès ou d'un rendez-vous à venir. Privée de cette liberté, j'ose demander que quelqu'un d'autre assure pour moi une audience à Nanterre. Ce n'est pas du goût d'une autre collaboratrice du cabinet, qui me répond que la grossesse « n'est pas une maladie ». En y repensant, j'ai toujours l'impression que l'on nie la vulnérabilité des femmes durant ces périodes particulières. C'est d'autant plus blessant quand la remarque sort de la bouche d'une autre femme. Si l'on fait abstraction de cet épisode, j'ai travaillé jusqu'au bout de ma première grossesse.

Pour Marianne, la salariée du cabinet de conseil, l'issue sera en revanche tragique. Ses médecins lui avaient conseillé de lever le pied, ce qu'elle n'a pas pu faire tout à fait, sous la pression… Elle accouche à six mois de grossesse d'un bébé mort-né.

Au-delà de cette histoire funeste comme il en existe malheureusement d'autres, une majorité de femmes est plus couramment concernée par les fausses couches. Les employeurs doivent laisser le choix à leur salariée d'en parler ou non, pour ne pas la forcer à se justifier d'une quelconque façon. À ce sujet, l'Assemblée nationale a récemment voté la création d'un « arrêt maladie pour fausse couche » sans jours de carence, afin de permettre aux femmes concernées d'être indemnisées dès le premier jour d'arrêt. Mais c'est bien maigre… La loi, entrée en application en 2024, prévoit également une interdiction de licencier pendant les dix semaines suivant une fausse couche médicalement constatée ayant eu lieu entre la quatorzième et la vingt et unième semaine de grossesse, sauf faute grave ou impossibilité de maintenir le contrat de travail.

Mais les choses ne sont pas si simples, puisqu'un quart des fausses couches a lieu durant les douze premières semaines. Et, surtout, l'addendum Ameli à la loi sur la levée des carences oblige les femmes, pour éviter le délai de carence, à préciser la raison de leur arrêt : la grossesse[1]. Une femme qui n'anticipe pas un risque de discrimination à la maternité peut ainsi être tentée de révéler le motif de son arrêt sans imaginer les conséquences que cela aura sur ses relations avec son employeur. Avec un tel risque, la seule solution consiste à faire un arrêt maladie classique… donc avec délai de carence.

Après un congé maternité et une fois ce traumatisme digéré, le retour est rude, pour Marianne. Certains de ses dossiers les plus valorisants ont disparu, et ses collègues lui confient des tâches chronophages mais « pas trop stressantes ». Ce serait « pour son bien »… Mais les horaires restent chargés. Marianne reçoit un coup de fil de sa référente RH : cette boîte, c'est une

---

1. https://www.ameli.fr/paris/assure/actualites/fausse-couche-un-arret-de-travail-sans-delai-de-carence-est-possible-depuis-le-1er-janvier.

disponibilité complète. Sans fard, son interlocutrice lui dit qu'elle nourrit déjà des doutes sur sa capacité de reprendre à 100 % après l'épreuve qu'elle vient de vivre. Révoltée, Marianne décide alors de changer de stratégie. Un an plus tard, elle retombe enceinte, mais se garde bien d'en parler à quiconque.

De mon côté, l'attente de mon deuxième enfant est autrement plus pénible. Pour commencer, le timing est quelque peu sportif. Je suis enceinte quatre mois après avoir lancé mon propre cabinet. Par crainte d'angoisser mes clients, je le leur cache, les premiers temps… Jusqu'à ce que je sois touchée par une pathologie très handicapante, qui ne met pas en danger mon bébé mais remet en question mon quotidien d'avocate « parfaite ». Je vais à tous mes rendez-vous avec un sac pour cacher mon ventre naissant. Cela se remarque malgré tout, dans les tribunaux, où commence à se jouer de plus en plus fort une petite musique qui m'agace : tout le monde insiste pour que je me repose. « Mais tu vas ralentir maintenant, non ? » est une phrase que j'ai littéralement entendue une douzaine de fois à cette époque. Têtue comme une mule, je ne veux pas laisser tomber mes dossiers, ils me tiennent trop à cœur. Et puis, je n'ai pas le choix. À huit mois de grossesse, une cliente insiste pour que je plaide personnellement lors de son procès, quand bien même la consœur de la partie adverse était prête à accepter le renvoi de l'affaire à une date ultérieure. J'aurais dû m'octroyer ce choix. Mais je pense que, comme nombre de mes clientes, je me suis sentie obligée de prouver que je pouvais tout gérer, maternité récente et carrière.

Marianne, elle, pour sa nouvelle grossesse, ne transige pas. Devenir mère est primordial. Au bord du burn-out et sur les conseils de ses proches, elle est placée en arrêt maladie, pour la préserver. En conflit avec sa hiérarchie, qui ignore sa nouvelle grossesse, elle se voit proposer une rupture conventionnelle, avec des indemnités assez faibles. Le projet « Saturne », quant à lui, est à oublier, il n'est plus du tout question qu'elle en voie la couleur. C'est dans ces circonstances qu'elle vient vers nous. Comme c'est l'usage, nous l'aidons à rédiger un mail d'alerte pour dénoncer à l'ensemble de la direction les conditions de travail et de management dont elle fait l'objet. Sans surprise, sa multinationale la convoque à un entretien préalable à un licenciement. Ayant un coup d'avance, nous les laissons la licencier… Notre recommandé faisant état de sa grossesse, envoyé dans la foulée de leur lettre, les oblige à annuler ce licenciement. Mais ma cliente n'est pas plus avancée. Elle reste en arrêt, qui se mue peu après en congé maternité. Aucune autre option qu'un départ ne paraît envisageable.

Cette situation est tristement fréquente dans les entreprises, où les grossesses sont trop souvent reçues comme des complications, voire des trahisons. En général, la volonté de mettre fin à la collaboration des deux côtés facilite la signature d'un accord. Dans le cas de Marianne, les précédents dans son entreprise sont tels que je suis en mesure de négocier une transaction conséquente. D'autant qu'entre-temps, une autre salariée de ce grand nom du conseil s'est vu proposer une rupture conventionnelle après avoir annoncé sa grossesse… Forte en affaires, sûre d'elle, Marianne veut aussi obtenir une compensation concernant « Saturne », s'estimant victime d'une perte de chance d'investir. Comme cet argument risque d'être mal entendu aux prud'hommes, je la persuade d'accepter la négociation. Le chèque, à six chiffres, est signé avant l'arrivée de son enfant.

Depuis, Marianne a retrouvé un emploi. Dans une PME industrielle, cette fois, où elle bénéficie de la carrière « normale » nécessaire pour passer le temps qu'il faut avec sa petite fille.

Encore une fois, une femme a quitté un emploi prestigieux en butant sur un « obstacle » que n'aurait probablement pas rencontré un homme. À nouveau, pourquoi ? Parce qu'il y a ces quelques mois d'absence, qui obligent à réorganiser la répartition du travail. Et peut-être parce que les entreprises anticipent l'après… Leurs salariées seraient « moins productives », moins disponibles, car plus occupées que des salariés masculins à l'éducation de leurs enfants… Tout ceci dans une reproduction parfaite des clichés. En matière de grossesse, le premier obstacle en cache souvent un autre : le retour de congé maternité engendre à son tour son lot de discriminations.

Je croyais qu'à mon retour, on m'attendrait

Mes enfants ont fait de moi une meilleure avocate. Cette phrase paraît un peu niaise, facile, tout droit sortie d'un stage de développement personnel sur les bienfaits de la parentalité. Pourtant, elle est bien vraie ! Avec la maternité, je suis devenue mieux organisée, et mes journées plus denses. La première vertu de tout cela, c'est de m'avoir appris que j'étais relativement productive… depuis mon lit. Je poursuis mon travail le soir, une fois les enfants couchés, armée d'un ou deux litres d'une étrange tisane entre piment-chocolat et cannelle-fenouil, avec un peu de lavande pour parfumer ma chambre. Les parties adverses n'ont qu'à bien se tenir, elles vont recevoir des conclusions en béton.

Depuis que je fais ce métier, mes journées de travail ont toujours débordé sur le début de soirée, jusqu'à ce que mes enfants me forcent à fonctionner autrement. À 19 heures, je dois les retrouver, c'est non négociable.

Les heures avec eux sont rares, je ne peux pas rogner dessus un jour sur deux parce qu'un client me tient la jambe trop longtemps au téléphone. Et quand bien même il y a une urgence, je signifie qu'ils sont là, autour de moi. D'ailleurs, ils n'en ratent pas une miette. Le grand, à 9 ans, s'y connaît mieux en procédure prud'homale que la majorité de mes nouveaux clients, eux qui n'ont jamais eu affaire à la justice. Je rêverais que mes enfants deviennent avocats, mais mon fils me dit que ce n'est « pas très intéressant »… et que c'est trop de boulot. Vigilant sur mes conditions de travail, il m'a aussi déclaré, à la fin d'un coup de fil, que le « milieu de travail hostile » dont je parlais au téléphone avec une cliente n'existait pas : un milieu hostile, c'était plutôt la banquise, ou le désert. De quoi relativiser, et me faire ranger ce dossier que j'avais ressorti au moment où l'heure du dîner approchait.

Évidemment, après mes deux grossesses, la reprise du travail n'a pas été de tout repos. D'autant plus que la durée du congé maternité des professions libérales a attendu 2019 pour être la même que celle des salariées, soit seize semaines maximum pour un premier ou deuxième enfant ; en règle générale, six avant l'accouchement et dix après. Alors même que mon congé était réduit à peau de chagrin, je suis retournée au bureau avant son terme, il y a neuf ans, en allaitant mon fils. Nouvelle associée, je voulais montrer que je méritais mon statut. Et je ne me voyais pas laisser tomber cette cliente virée parce qu'elle avait demandé l'indemnisation d'un accident du travail qui l'empêchait de manière définitive d'avoir des enfants, surtout après avoir moi-même connu le bonheur de la maternité. J'ai certes repris tôt, mais à mon rythme. Quelques heures d'abord, puis en m'adaptant en douceur grâce à une nounou, avec des tranches de travail de plus en plus longues. Et, à l'époque, j'habitais tout près de mon bureau. Mon fils y est venu souvent, cajolé par mes collègues.

J'ai été plus agacée par certaines attitudes lors de mon second retour de grossesse. Une cliente dont je gérais le dossier avec un collègue exigea quinze jours après mon accouchement que je sois son unique interlocutrice. À nouveau j'ai dit oui, car je ne voulais pas lâcher son dossier. Avec le recul, je pense que, comme beaucoup de femmes, je me suis mis la pression toute seule, ou plutôt j'ai cédé à la pression sociétale de la jeune mère productive pour laquelle rien ne doit changer.

Heureusement, quelques jours après cet épisode, le confinement m'a offert une pause auprès de mes enfants, chez mes parents. Cela m'a permis de bosser, ma fille collée à moi, avec le soutien inestimable de ma mère. Et, à distance, j'ai pu bénéficier de la bienveillance d'Alice, l'amie de faculté avec qui j'ai monté mon cabinet, Alkemist. Elle a su me rassurer face au triple stress qu'engendraient le Covid, le boulot et mon bébé.

En rassemblant ces souvenirs, j'aurais pu offrir une belle répartie à l'avocat sexiste, allergique à la parité qui m'avait sorti, dans un dossier : « Vous en avez des enfants, vous ? Ça vous a pas empêchée de bosser, non ? » Par parenthèse, au barreau de Paris, la moitié des femmes sont discriminées à la maternité, selon un sondage du Défenseur des droits publié en 2018. Cette étude fait une conclusion alarmante : si pour les naissances les plus récentes le recours au congé maternité est plus fréquent, les avocates sont aussi beaucoup plus nombreuses à travailler pendant cette période.

Plus généralement, la fin de cette absence représente un point de bascule. Un coup de frein ou un coup d'accélérateur. S'il a beau être rare, le second existe. La loi stipule que la salariée doit retrouver son précédent emploi, ou un emploi similaire assorti d'une rémunération au moins équivalente. C'est donc potentiellement l'occasion d'un nouveau départ, avec en prime une meilleure fiche de paie, pour suivre les éventuelles augmentations collectives ou à l'échelle d'un service. L'augmentation salariale des travailleuses au retour de leur congé maternité est d'ailleurs l'un des critères de l'Index de l'égalité professionnelle, de façon à ce que cette progression soit valorisée pour les entreprises vertueuses.

Pourtant, le cas général ressort plutôt du coup de frein. Souvent le plus violent dans la carrière d'une femme, ce qui explique l'énorme contentieux concernant les retours de congé maternité. Dans notre cabinet, les cadres supérieures sont plus représentées que d'habitude dans ce type de discrimination. Selon la législation, les femmes bénéficient de dix semaines de protection après la fin de leur congé. Comment dire cela d'une manière plus pessimiste ? Cinq mois après la naissance, elles sont licenciables.

Quelle que soit cette protection théorique, ces cinq mois peuvent devenir un enfer. C'est le cas pour Laure, commerciale dans une société d'événementiel dans une petite ville, qui réussit à avoir son premier enfant à l'âge de 38 ans, une année après son passage en CDI. Alors qu'elle est encore en congé maternité, son entreprise prépare déjà le terrain, dont elle pressent qu'il sera miné. Elle est mise en copie d'un mail accusatoire du directeur financier, envoyé à l'intégralité du conseil d'administration, qui démonte son travail : « Nous avons connaissance des difficultés de l'entreprise, du fait de la hausse de la concurrence dans la région. 50 000 euros par an représentent une charge financière conséquente. Nous aimerions être informés, de façon détaillée, des actions entreprises dans le cadre de ce contrat de travail et de leurs résultats. » Sans préciser pourquoi, ce message sous-entend que son poste est menacé, sans aucune mention de son congé maternité. De tels agissements sont une première preuve de discrimination. La jurisprudence a qualifié cela d'« acte préparatoire discriminant ».

Laure conserve toutefois son poste. Un beau matin, encore en congé maternité, elle vient présenter son nouveau-né à ses collègues. Le directeur financier, qui l'a accueillie avec le sourire devant tout le monde, la prend à partie alors qu'elle déplie la poussette et s'apprête à s'en retourner chez elle. Un conseil d'administration s'est tenu la veille, et son évolution de carrière a été remise sur la table. Dans les prochains mois, elle devra rendre des comptes sur ses actions et leurs retombées financières, sans quoi elle perdra le grade qu'elle avait obtenu un an plus tôt. Il lui reproche par ailleurs des « trous dans les délais », alors qu'aucun autre salarié n'a repris la charge de travail de Laure pendant son congé maternité ! L'anxiété grimpe. Pour ne rien arranger, son nouveau-né lui offre rarement un sommeil réparateur. Alors qu'elle commence tout juste à s'y habituer, arrive le jour de son retour.

Quelques mois plus tard, lorsqu'elle me contactera, elle me racontera par mail cette journée qu'elle qualifiera d'interminable, et qui symbolise l'ingratitude de l'ensemble de ses collègues :

« Je pensais que je serais attendue, que mon manager aurait prévu un temps d'échange pour me raconter ce que j'avais raté… Et pour me rassurer par rapport aux propos du directeur financier, qui me mettaient si mal à l'aise en sous-entendant que j'aurais dû travailler pendant mon absence. Il n'en a rien été : ce qui avait été mon bureau était occupé par une stagiaire, qui le pensait réservé aux personnes “de passage” dans l’entreprise. Je n’avais plus de poste de travail, plus d’ordinateur. Comme nous étions en janvier, j’ai profité de mon redémarrage en douceur pour adresser mes vœux à mes clients les plus précieux, depuis un box. Quelle a été ma stupeur quand, une heure après, un jeune commercial s’est adressé à moi comme à une moins que rien, pour me dire que cela ne se faisait pas, que c’était lui qui gérait ce compte client, maintenant. Alors que je croyais que personne ne m’avait remplacée, j’ai découvert en quelques minutes que tous mes dossiers avaient en fait été réalloués “par intérim” à des N-1, qui sont donc subitement devenus mes collègues. Cela vous semble-t-il normal ? »

Indéniablement, ce n’est pas normal. La nature de son travail est profondément bouleversée, les dossiers qu’elle traite sont moins prestigieux. Certains de ses avantages s’évaporent. Sa prime de performance annuelle, qui représentait près du quart de sa rémunération en temps ordinaire, est calculée au prorata de sa présence effective (soit dix semaines, puisqu’elle a connu un long arrêt maladie au début de sa grossesse)… Et alors même que 75 % des objectifs ont été atteints !

Au cabinet, nous voyons passer des retraits d’avantages particulièrement grotesques. Nous avons récemment dénoncé une différence de traitement dans une multinationale pourtant réputée pour sa prétendue qualité de vie au travail. La salariée, mère de deux enfants, s'était vu proposer un avenant qui l'autorisait à télétravailler en intégralité, depuis la Bretagne, où elle avait partiellement déménagé pendant le confinement. Son employeur lui fit payer avec brutalité sa troisième grossesse. Après avoir émis un doute sur le niveau de ses performances lors de plusieurs réunions, les RH lui annoncèrent dix jours avant sa reprise qu'elle devait revenir au bureau, à Paris, cinq jours par semaine. Sinon, rupture conventionnelle. Sans réponse de sa part – car nous élaborions notre stratégie –, son supérieur hiérarchique a commencé à communiquer en interne sur son départ prochain, tout en l'appelant trois fois par jour pour la forcer à accepter une rupture conventionnelle accompagnée d'une petite somme. Face à l'attitude de cette direction, il n'y a pas eu d'autre issue qu'un procès, toujours en cours aujourd'hui.

Cette première étape, que l'on peut qualifier de « punition », est souvent assortie d'une seconde peine. Laure la découvre très vite, comme une deuxième lame : on la teste. Alors qu'elle avait l'habitude d'organiser ses réunions le matin, sa direction lui propose subitement des points de situation à 19 heures. Précisons qu'à l'époque, dans cette société qui fonctionne « à l'ancienne », il n'est pas question de télétravailler. Elle est mise à l'écart des discussions sur les orientations stratégiques, mais propose tout de même d'aider sur certains dossiers qu'elle n'a plus officiellement, car elle se fait une joie de retravailler pour tel ou tel client. Problème, quand les missions sont validées, son rôle dans ces réussites n'est aucunement reconnu.

Certaines boucles de mails tournent sans elle. Une absence de communication qui explique qu'un mardi soir, elle prenne connaissance d'un déplacement professionnel à Marseille prévu pour... le mercredi matin. Soucieuse de prouver qu'elle est toujours réactive, elle s'organise en catastrophe pour trouver un mode de garde, alors que son mari est à l'étranger dans le cadre de son travail. Peu de temps après, elle apprend que son chef ne compte pas sur elle pour représenter l'entreprise au dîner trimestriel d'un client. « Oh, se justifie-t-il sur la messagerie interne, je me suis dit que jamais tu ne pourrais venir, à cause de ton petit. » Le test au retour s'accompagne d'un dilemme, que j'ai moi aussi vécu. Soit vous êtes une « mauvaise mère », à qui l'on enjoint de ralentir lorsque vous continuez de vous rendre disponible pour vos interlocuteurs, soit vous n'êtes pas une bonne professionnelle.

Ce genre d'attitude managériale n'a souvent qu'un but, provoquer le départ de la salariée, ou tout du moins la pousser à se poser sans cesse une interrogation : « Comment faire comme avant ? » Quand elle se conjugue à une dépression post-partum, une telle remise en question professionnelle se traduit fréquemment par une démission. Ou quelque chose d'encore plus pernicieux, que je croise régulièrement chez les jeunes cadres à ce moment de leur carrière : le passage à temps partiel. En 2020, plus d'un quart des femmes travaillaient à temps partiel (28 %), contre 8 % des hommes. En 2021, 49 % des mères déclaraient que la naissance de leur premier enfant avait eu une ou plusieurs incidences sur leur emploi, et 66 % à partir du deuxième... Contre 14 % des pères, quel que soit le nombre d'enfants[1]. Un quart des femmes a déjà refusé une promotion professionnelle en raison de problèmes d'organisation et de garde d'enfants qu'elles craignaient de ne plus pouvoir gérer[2]. Chez les femmes, le temps partiel prend souvent la forme d'un 80 %, où le mercredi est chômé pour s'occuper de son ou ses enfants. Je déconseille cette pratique, en général non suivie d'un recrutement pour compenser le jour d'absence de la salariée, dont en outre les responsabilités ne sont pas nécessairement revues à la baisse... Si le salaire diminue, l'investissement attendu, lui, demeure à 100 %.

---

1. Thomas Couppié et Dominique Épiphane, « Emploi, enfant et aspirateur : quelles évolutions chez les jeunes couples depuis 2005 ? », Céreq Bref, n° 403, mars 2021.

2. Sondage Ipsos/ELLE Active réalisé du 25 février au 2 mars 2015 auprès de 2 003 personnes constituant un échantillon représentatif de la population française active, « L'égalité, c'est pas (encore) gagné : notre sondage exclusif Ipsos pour ELLE », Elle.fr, 2015.

Il est justement question de temps partiel lors des premiers échanges sur la « sortie de crise » que doivent envisager Laure et sa direction. Avec la promotion soudaine de ses collègues – pour ne pas dire qu'il s'agit en ce qui la concerne d'une rétrogradation –, non seulement ma cliente voit ses perspectives d'évolution professionnelle s'envoler mais on lui explique aussi que son salaire est supérieur à la moyenne de ses homologues. Inversons la charge en rappelant ce que répète régulièrement la jurisprudence : si l'employeur échoue à démontrer que la perte de responsabilités est compensée par de nouvelles missions, c'est une violation de la loi.

Volontaire malgré les micro-agressions qu'elle supporte au quotidien, Laure ne comprend toujours pas cet acharnement. Elle décide de s'en inquiéter dans un mail aux responsables des ressources humaines, avec copie à certains de ses collègues. En pièce jointe, elle ajoute les comptes rendus de ses précédents entretiens annuels, qui illustrent sa progression année après année, et où l'on peut lire « Laure a su se rendre indispensable ». « Il est difficile pour moi, écrit-elle, de ne pas voir dans le changement de ton de mes responsables un lien avec ma récente maternité. J'espère que nous trouverons une solution, merci de votre compréhension. » Trois jours après, c'est par la poste qu'elle reçoit une réponse, rédigée non par les RH mais par la direction. L'entreprise menace noir sur blanc de l'attaquer pour diffamation si elle poursuit ses dires. Surprenant ? Pas tant que cela. En matière de discrimination, il est bon de savoir que certaines grandes entreprises manient assez souvent la menace d'un procès en diffamation pour pousser celles qui se plaignent à rentrer dans le rang. Quoi qu'il en soit, si une salariée veut rester dans son entreprise, je lui déconseille d'envoyer ce genre de mail aux RH ou à la direction. Il peut marquer un point de non-retour, dont la seule issue sera un départ négocié.

Au vu de la tournure des événements, une rupture conventionnelle avec six mois de salaire est proposée à Laure. C'est à ce moment-là qu'elle me contacte, par mail. Elle me confie se sentir désormais incapable de discuter avec les RH, après le courrier qui lui a signifié l'impossibilité de retravailler « comme avant », justement. Je l'incite à aller voir un médecin pour bénéficier d'un arrêt maladie. Elle ne dort plus et, je le sens, elle est en grand danger. De fait, même arrêtée, entre le manque de sommeil et l'anxiété, son état de santé continuera de se dégrader.

J'entre en contact avec le président du CA, le préviens que les mails et avertissements envoyés à la salariée en congé maternité étaient illégaux. Son avocat me répond par des menaces. Je pratiquerais une forme « d'extorsion de fonds » vis-à-vis d'une petite PME en difficulté. « Si c'est comme ça, ce sera zéro, pas six mois » ! La société soutient que Laure n'est pas performante, raison unique de sa mise à l'écart. Ils sortent aussi leur joker, habituel concernant les jeunes mères : ils n'ont pas de poste équivalent à lui fournir. En effet, la loi prévoit qu'en cas de changement dans l'entreprise durant l'absence de la salariée, un poste équivalent doit lui être proposé. Mais qu'est-ce qu'un poste *équivalent* ? Parfois, le reclassement prend des mois, ou peut même aboutir à un licenciement pour insuffisance professionnelle… sans que la salariée y puisse grand-chose, à part le contester par la suite.

Le temps presse. Les doses d'antidépresseurs ont augmenté. Même à ce moment-là, Laure peine à accepter qu'elle doive rompre avec cette boîte. L'entreprise représente une part d'elle-même, de son tissu social. Ses clients forment bon nombre de ses amis. En pleine nuit, elle m'écrit ces mots : « J'ai toujours l'impression d'oublier des choses, ou que les éléments ne sont pas si graves que ça… et que mon dossier est léger… Je suis un peu perdue. » Comme ma cliente est protégée financièrement par le contrat de prévoyance de son entreprise, qui lui garantit un maintien intégral de salaire, j'ai le temps de soigner la constitution du dossier et les échanges avec la partie adverse. Le risque réputationnel, fort pour les entreprises en matière de discrimination à la maternité, poussera en fin de compte cette société d'événementiel à signer un chèque de plus du double des six mois initialement proposés…

Contrairement à d'autres, Laure est l'une de celles à qui cet épisode a fait du bien. Elle a eu besoin d'un arrêt maladie puis d'un départ définitif de l'entreprise pour réellement profiter de son bébé. Quelques mois après, sa vie a même pris un tournant radical. Elle s'est séparée de son mari, qui ne l'avait pas véritablement soutenue à son retour dans l'entreprise, a déménagé à l'autre bout de l'Hexagone et opté pour le statut d'indépendante. C'est par cette épreuve et notre accompagnement que Laure a pris conscience de sa valeur. Son départ a eu un coût pour la société qui l'employait, marqué noir sur blanc, et, lui ont dit certains ex-collègues, sa force de persuasion leur manque.

Les suites d'un conflit avec une entreprise peuvent être plus sombres, moralement et professionnellement. Quand elles ne sont pas mises dehors en toute impunité, il arrive que ce soient les travailleuses elles-mêmes qui baissent les bras. Elles s'éloignent du monde du travail, jugeant que leur mari ou conjoint – qui statistiquement gagne plus qu'elle – pourra subvenir aux besoins familiaux, durant un an, deux ans. Puis parfois cinq. Et la durée de leur absence finit par faire tache sur leur CV. Elles abandonnent alors l'idée de remonter en selle. Cette réalité archaïque est intolérable : à la naissance du premier enfant, la part des femmes de 25 à 49 ans « inactives » (sans emploi, et qui n'en cherchent pas un) passe de 12 % à 17,8 %, selon des chiffres de l'Insee portant sur 2020. Avec plus de trois enfants, ce taux dépasse 50 %… Pour les pères, on passe de 6,2 %

d'inactivité sans enfant à 3,5 % avec trois enfants ou plus. Les vases communicants semblent bien fonctionner… Ce qui est un malus chez les femmes devient un bonus chez les hommes.

Une meilleure conciliation entre maternité et travail passe certes par une réelle sanctuarisation du congé maternité – que l'on continue de traiter également les femmes entre leur départ et leur retour en entreprise –, mais il doit s'accompagner d'un congé paternité similaire, en parallèle. Sauf dispositions particulières à l'entreprise, celui-ci n'est aujourd'hui que d'un mois, dont seulement sept jours obligatoires. Or, la période qui suit la naissance est cruciale. Si l'on habitue la mère à effectuer le gros du travail invisible d'un parent, il sera difficile de rattraper ce retard durant les vingt années qui suivront. Selon un rapport de la Fondation des femmes publié en mars 2021, 21 % des femmes déclarent ainsi s'être arrêtées de travailler à l'occasion du confinement, lors de la crise du Covid, soit le double des hommes. Elles sont 40 % à avoir consacré plus de quatre heures par jour aux enfants ; là encore, le double des hommes.

Comme sur d'autres sujets, c'est par un changement global de mentalité que les entreprises mettront le congé maternité sur le même plan qu'un congé sabbatique ou de longue durée choisi… ou qu'un congé paternité ! C'est la voie que semble prendre le gouvernement actuel, d'après ses récentes annonces sur le congé de naissance universel. Reste à en attendre les modalités concrètes et espérer qu'il sera enfin, peut-être, une mesure efficace pour plus d'égalité femmes-hommes.

Dernière précision : jamais, en ce qui me concerne, je n'ai eu à défendre de dossier de discrimination à la paternité.

Reste à ta place

Vous êtes une femme en emploi à temps plein d'environ 40 ans, vous avez survécu sans encombre à votre première partie de carrière, sans tomber sur la case « sexisme », « discrimination salariale » ou « congé maternité qui ne plaît pas à votre supérieur hiérarchique » ? Bravo ! Vous pouvez vous applaudir, vous avez fait le plus dur. Mais voilà que l'un des joueurs se prend à lire en détail les règles de ce jeu de société… « Une fois que tous les participants arrivent à la moitié du plateau, l'un d'entre eux pioche une carte mystère et la lit à voix haute. » Il s'exécute : « Attention ! Toutes les femmes sont priées de reculer en case "placard" et de passer les trois prochains tours. Les autres joueurs peuvent continuer. »

Si la maternité marque un coup d'arrêt, c'est durant la période où les femmes ont généralement des enfants que la plupart d'entre elles prennent par rapport aux hommes un retard irrémédiable. Autour de 40 ou 45 ans, l'évolution de carrière est « plus tranquille »... et ressemble presque à un encéphalogramme plat, pour bon nombre de mes clientes. Malgré quelques bonus liés à l'ancienneté, l'ascenseur salarial est en panne. Le plafond de verre le retient. Oui, nous y sommes.

L'expression « plafond de verre », aujourd'hui galvaudée, synthétise tous ces obstacles insidieux qui empêchent les salariées d'accéder aux plus hautes responsabilités, à partir d'un certain stade de leur carrière. C'est en général un tout : moins de promotions, moins d'augmentations, une forme de routine. Les femmes à la fois s'impliquent moins dans la négociation de leur salaire et sont moins augmentées. Suivant la situation, on ne sait jamais trop si l'un des deux mécanismes précède l'autre. En 2022, selon une étude de l'ADP Research Institute, qui a interrogé plus de 32 000 travailleurs dans 17 pays, dont près de 2 000 en France, 75 % des hommes disent avoir été augmentés, en moyenne de 5,52 %, contre 59 % des femmes, pour une moyenne de 4,15 %. Quand on demande aux employés des deux sexes s'ils souhaitent réclamer une augmentation l'année suivante, le ratio est à peu près le même.

Mais n'oublions pas la responsabilité des employeurs dans la gestion de carrière de tous leurs salariés. C'est à eux de compenser ces différences structurelles.

À l'inverse, par des signaux faibles, des souvenirs grattés au fil de nos discussions, nous arrivons à débusquer les petites étapes qui conduisent finalement à d'énormes différences de traitement, entre deux salariés parfois arrivés dans l'entreprise au même moment. Le plafond de verre ne tombe pas du ciel, il ne se décrète pas : c'est par petites touches que les salariées prennent conscience de son existence. Jusqu'au jour où elles s'y cognent brutalement.

Bénédicte est l'une des salariées qui m'ont le plus marquée. Notamment par sa détermination à faire la lumière sur ce qu'elle a ressenti comme une injustice. À 42 ans, Bénédicte ne se doute encore de rien. D'une nature joviale, profondément altruiste, cette juriste de formation s'est rapidement vu confier la direction d'une petite équipe au sein d'un grand groupe de l'industrie agroalimentaire. Elle totalise vingt ans d'expérience dans le métier. Son salaire mensuel, autour de 10 000 euros, la satisfait, au point qu'elle ne compte jamais ses heures. Ses entretiens annuels la dépeignent comme « un rayon de soleil », une manageuse « toujours prête à aider les talents juniors », mais « tenace » et « focalisée sur les résultats ». « L'objectif est dépassé, avec une excellente année commerciale. Bravo. Bénédicte est très investie dans son travail, elle connaît son job et sait faire travailler son équipe autour d'objectifs communs. Elle ne joue jamais perso », écrit même sa supérieure, à l'occasion du dernier rendez-vous en tête-à-tête avec sa salariée. Celle qui avait été sa mentore prend sa retraite. Elle est remplacée par un certain Valentin, qui va devenir l'homologue de Bénédicte.

« Ne joue jamais perso » : Valentin, lui, n'a jamais reçu ce compliment. Bénédicte le connaît de loin, elle sait qu'il est apprécié en haut lieu. C'est un bosseur, dur en négociation. Certains clients et certains actionnaires sont invités chez lui le week-end, dans sa majestueuse propriété familiale. Bénédicte et Valentin n'ont pas exactement le même parcours, de vie comme dans la boîte, mais lorsque tombe l'annonce de sa nomination, elle ne se formalise pas. Attachée à ses bureaux, où règne une belle ambiance, elle se dit qu'une promotion peut très bien attendre. Quand a lieu le premier échange officiel avec son nouvel homologue, pour cadrer les projets à venir et l'organisation du travail, elle se permet de lui parler de sa demande d'octroi du titre de « directrice juridique », qu'elle a déjà souhaité obtenir auprès de la direction il y a deux ans. « Nous verrons plus tard, lui avait-on dit à l'époque, cela nécessiterait une refonte totale de votre fiche de poste. Nous en reparlerons lorsque nous discuterons de votre entrée au comité de direction ! » Ce qui l'avait ravie. De fait, vingt-quatre mois ont passé, elle occupe toujours la même fonction, mais l'espoir de cette reconnaissance promise lui tient lieu de carburant au quotidien.

« Écoute, je ne vais pas y aller par quatre chemins, tu peux mettre de côté l'idée d'appartenir au codir… Ils viennent de m'y nommer, ils n'ont pas non plus envie que toute la boîte y entre d'un coup. » C'est autour d'une table de restaurant que Bénédicte reçoit cette nouvelle en pleine face, de la part de celui qu'elle considère encore comme son égal. Pire, Valentin lui assène que les fonctions de directeur juridique entrent désormais dans ses propres attributions, même s'il a un rôle « plus englobant que ça ». Étrangement, elle se souviendra longtemps de ce mot, « englobant », comme s'il symbolisait tout le dédain et le sentiment de supériorité du personnage. Elle n'a jamais trop osé le juger, cela semblait trop simple… Malheureusement, il est fidèle à sa légende. Il est ce que l'on appelle un requin.

« Englober », « encadrer », « diriger »… En 2020, les femmes représentent 43 % des cadres. Certes, cette proportion a tout de même doublé en quarante ans, mais être cadre, ce n'est pas nécessairement se situer très haut dans la hiérarchie. Des millions de cadres n'ont aucun salarié qui leur « reporte », comme le dit l'anglicisme. Les études sur le sujet montrent que les femmes ayant ce statut sont davantage des cadres qui n'encadrent pas, ou des manageuses de proximité. Selon les économistes Vanessa di Paola et Stéphanie Moullet, « à niveau de diplôme donné et en prenant en compte d'autres caractéristiques que le diplôme (l'origine sociale, l'expérience professionnelle, etc.), les femmes ont une probabilité d'exercer une responsabilité hiérarchique de 30 % inférieure à celle des hommes[1] ». Ces chercheuses ont également démontré que ce handicap était accentué dans les entreprises les plus mixtes. La caricature de la femme altruiste dépassée par un homme ambitieux n'appartient pas au passé, et c'est bien ce que prouve l'histoire de Bénédicte.

La promotion de Valentin ne suffit pas à le satisfaire. Gravir les échelons, dans une entreprise, c'est aussi écarter la concurrence. Il instille une pression grandissante dans le quotidien de l'équipe juridique. Le nombre de dossiers à gérer augmente et le jeune homme, contournant les responsables, demande directement des comptes à certains salariés de l'équipe juridique, sans mettre Bénédicte en copie de ses mails. Une basse manœuvre ? « Mais enfin, tu vois le mal partout, tu sais très bien que je fais ça pour t'aider à remplir des objectifs. Faut jouer collectif, sinon on s'en sort pas. » Il se mêle des affaires de chacun, outrepasse ses attributions en exerçant un micromanagement inquiétant, parfois jusque tard le soir. Et ses ingérences créent

1. Laboratoire interdisciplinaire d'évaluation des politiques publiques, Sciencespo.fr. Voir aussi, des mêmes autrices *et al.*, *Que sait-on du travail ?*, Presses de Sciences Po, 2023.

des quiproquos avec certains clients, qui nécessitent de réécrire entièrement plusieurs contrats. Gardant vaille que vaille son optimiste, Bénédicte voit toutefois grimper la fatigue au sein de son équipe. Le café du matin se fait plus court, les blagues fusent moins, on décline le déjeuner qu'elle avait l'habitude de proposer à son équipe un jour sur deux. « J'ai pas le temps, là, je peux pas y arriver… »

Si je me suis attachée à l'histoire de Bénédicte, c'est aussi parce que j'ai perçu chez elle la même affection sincère envers son équipe qui règne dans mon cabinet d'avocats, sa volonté de concilier une certaine forme de bienveillance avec le partage de son expérience. Quand quelqu'un n'allait pas bien, Bénédicte ne laissait rien sous silence, elle préférait mettre le problème sur la table. Nous en avons discuté ensemble : en ce qui me concerne, ma plus grande fierté, outre la satisfaction de mes clients, c'est de donner confiance à de jeunes femmes, de faire d'elles d'excellentes avocates. Pas seulement de corriger leurs coquilles ou leurs maladresses d'argumentation. Quand je vois Chloé et Marion se laisser un petit mot sur l'ordinateur pour agrémenter une journée où elles ne seront pas ensemble, je me dis que nous avons réussi quelque chose. Marion, lorsqu'elle revient d'un conseil de prud'hommes, a d'ailleurs pris l'habitude, pour se récompenser, de rapporter des cookies. Et chez Alkemist, nous déjeunons souvent en groupe, dans mon bureau. Vers 13 heures, je déclare la cantine ouverte, lorsque nous ne mangeons pas au restau du coin. Chacune de ces petites attentions contribue à alléger la pression qui pèse sur nous, dans un univers professionnel exigeant. Faute de quoi celle-ci serait trop forte.

C'est précisément ce qui finit par arriver dans l'équipe de Bénédicte, qui doit bientôt rendre des comptes. Avec les bâtons dans les roues que lui met ce supérieur hiérarchique, les dysfonctionnements s'aggravent. Impuissante, Bénédicte voit les départs s'enchaîner. Une jeune et brillante salariée fait un abandon de poste, suivi d'un syndrome anxio-dépressif, qui marque profondément ma cliente. Viennent ensuite une rupture conventionnelle, puis une démission. Bénédicte sollicite auprès de la direction des embauches pour remplacer les départs. Les renforts sont insuffisants. Elle redouble d'efforts pour protéger la charge de travail de ceux de ses poulains qui sont encore là.

Après des mois de labeur, elle s'octroie en fin d'année de longues vacances, pour le mariage de sa sœur, à Hong Kong. À son retour, le lendemain du Nouvel An, elle découvre dans un groupe WhatsApp que les règles du salaire variable ont été modifiées peu avant Noël. Les primes de son équipe ont été supprimées. Consciente du risque de voir partir d'autres piliers, elle renonce à sa prime individuelle pour que l'on paye celle des membres de son équipe.

Valentin est-il derrière tout cela ? Cette manœuvre marque en tout cas une étape dans la prise de conscience de cette femme courageuse. Bénédicte décide de demander des comptes sur son passage avorté au statut de directrice juridique, et de crever l'abcès sur la souffrance vécue par son équipe depuis la nomination de Valentin. Dans l'heure, ce dernier la traite grossièrement, par message vocal, de « parano », qui « le cherche depuis le début ». Enfin, après des semaines de réflexion, le directeur général de la société lui assure qu'il fera le nécessaire pour les éloigner l'un de l'autre, qu'elle n'aura plus affaire à lui. Ayant été informé de la situation, le syndicat majoritaire au siège milite pour la reconnaissance de son statut de directrice juridique. Elle l'obtient, dans la douleur, pour sa signature de mail et ses cartes de visite – mais sans augmentation de salaire –, quatre ans après la promesse officieuse.

Malgré ces quelques bonnes nouvelles, les problèmes structurels ne disparaissent pas, même si les relations avec le remplaçant de Valentin sont cordiales. Cet équilibre fragile vole soudain en éclats le jour où Bénédicte apprend que l'une de ses subordonnées a été victime de harcèlement sexuel dans un ascenseur… de la part de ce nouveau supérieur. Colère noire. Elle grimpe au bureau de la DRH, dont la responsable est une femme.

« Vous vous rendez compte du message que ça envoie à tous ceux qui voudront postuler chez nous ?

La finalité, c'est soit le burn-out, soit l'agression sexuelle, c'est ça ?

– Je pense que tu montes un peu vite sur tes grands chevaux… C'est vrai que vous avez eu à vivre beaucoup d'épreuves, dans ton équipe. Nous te remercions, mais si tu pouvais éviter d'ébruiter ce qui s'est passé ce matin… Je veux dire, *il* est au codir. Et l'entreprise t'attaquerait pour diffamation[1].

– C'est mon problème, peut-être ? Moi, je fais mon boulot de protection, je viens vous voir car sans ça, cette juriste, la victime, ne l'aurait jamais fait. Tout le monde sait qui sont vos profils préférés, au comité de direction. Et les gens trop regardants sur le social c'est pas trop votre truc, d'après mon expérience personnelle…

– Quoi ?! Je peux savoir ce que tu insinues, là ? Tu deviens hystérique ! Tu ferais mieux de prendre du repos. »

Voilà la goutte d'eau. Cette accusation, de la part d'une femme au pouvoir qui en tant que DRH préfère

1. Jurisprudence de la Cour européenne des droits de l'homme protectrice face à ce type de menace envers les femmes qui dénoncent des faits de harcèlement : arrêt du 18 janvier 2024 (requête n°20725/20), condamnation soulignant la nécessité d'apporter la protection appropriée aux personnes dénonçant les faits de harcèlement moral ou sexuel dont elles s'estiment victimes (art. 10 de la Convention européenne des droits de l'homme).

protéger la carrière de harceleurs, moral et sexuel, cristallise le plafond de verre au-dessus de la tête de Bénédicte. Désormais, elle ne se laissera plus faire. Elle se jure de ne plus rien concéder pour gravir les échelons.

Sa colère est suivie de conséquences immédiates, elle est discriminée en raison même de son rôle de lanceuse d'alerte, puisqu'on menace de l'attaquer en diffamation. Lors de vœux trimestriels à l'ensemble de l'entreprise, le directeur général ne mentionne pas son équipe, alors qu'elle continue de produire des résultats exceptionnels en dépit de son sous-effectif. Plus aucun cadre dirigeant ne lui adresse la parole. Situation hélas classique. Encore récemment, une de mes clientes qui a voulu mettre en place une cellule d'écoute harcèlement dans son cabinet de conseil a vu l'activité qu'elle gérait avec quelques collaborateurs disparaître et être dispatchée entre les autres équipes. La mise au placard est presque instantanée. Pire, Bénédicte apprend par un jeune collaborateur qui lui est fidèle que Valentin et le nouveau supérieur tentent de rassembler des « preuves » à son égard pour la pousser vers la sortie. *Déjà ?*

Dans ce genre de situation, il est logique qu'une salariée craque, n'ait plus la force de se donner à fond alors qu'elle se sent trahie. La détermination de Bénédicte l'honore. « Foutu pour foutu » – c'est-à-dire tant pis pour sa carrière –, elle choisit de se faire élire au comité social et économique. Là aussi, elle est entravée, dans ses ambitions syndicales. La direction la dissuade de se présenter à l'élection et le directeur général s'insurge violemment contre le principe du vote à bulletin secret décidé par les salariés. Ce que craignait le codir arrive : elle l'emporte malgré tout, et devient élue CSE. Lors des réunions avec les représentants du personnel et la direction, elle expose au grand jour les intimidations qu'elle a subies, et qu'elle commence à voir émerger dans d'autres services. À l'échelle de l'organisation, elle fustige l'absence de participation des salariés aux bénéfices colossaux du groupe, alors que les horaires sont de plus en plus abusifs.

L'engrenage se poursuit, dans un style particulièrement grossier, quand on se rappelle que depuis des décennies, 1982 plus précisément, l'employeur ne peut imposer à un salarié protégé en raison de ses activités syndicales ou mutualistes des conditions de travail différentes – c'est dans le Code du travail. Des tâches chronophages et sans rapport avec son statut de manageuse lui sont attribuées. Un troisième supérieur en deux ans – un troisième homme – prend pour habitude de lui mettre une pression supplémentaire, la surveillant de manière injustifiée. Alors que Bénédicte est cadre au forfait jour, ce qui signifie qu'elle organise son travail comme elle l'entend, cet homme s'assied un matin sur un siège face à elle, dans son bureau, chronomètre en main. Ce n'est pas une blague, il veut simplement « s'assurer du respect du planning, dit-il. À ton niveau, tu ne peux pas te permettre des retards tous les matins… » Sidérée par la nature de ce rapport de force, elle se croit revenue vingt ans en arrière, lors de son tout premier stage. Le stagiaire de son service, justement, finit par lui avouer que ce directeur lui a demandé de noter à l'avenir toutes les pauses qu'elle prendra.

Une décision radicale sonne le glas de cette énorme pression. Sur les conseils de ses proches et de son médecin, Bénédicte passe par la case « arrêt maladie », pour un mois. C'est à ce moment-là qu'elle prend contact avec moi, par le biais d'un avocat représentant en général les employeurs et que je connais bien. J'ai peu d'amis avocats et ils défendent souvent « l'autre côté ». Avec eux, j'ai des échanges passionnants, même si nous ne sommes pas toujours d'accord. Dans une relation de confiance mutuelle, il n'est pas rare que nous redirigions des personnes ou des entreprises d'un cabinet vers l'autre. Une grande partie de mes dossiers me sont adressés par mes contradicteurs dans d'autres affaires.

En concertation avec Bénédicte, qui sait qu'elle ne pourra retrouver de saines conditions de travail au quotidien, nous expédions un mail d'alerte à son retour, pour dénoncer le harcèlement moral dont elle a été victime depuis le début de son mandat – et, bien entendu, avant. Imperturbable, la direction exige qu'elle se conforme aux « demandes légitimes » de son manager.

Dans la foulée, nous saisissons le conseil de prud'hommes. L'attestation de la psychologue que nous avons versée à son dossier résume ce que son entreprise a fait à ma cliente : « On note une atteinte du niveau de confiance en soi, en lien avec ses difficultés au travail. Au moment de la consultation, la salariée rapporte son incapacité à retourner dans cet environnement professionnel. » Les motifs que nous mettons en évidence pour demander une résiliation judiciaire de son contrat sont pléthoriques, du harcèlement moral à la discrimination syndicale en passant par le travail dissimulé et l'entrave à la dénonciation de faits de harcèlement. Sur ce dernier point, la Cour de cassation a récemment, le 18 octobre 2023, apporté une protection supplémentaire aux travailleurs. Si Bénédicte avait été licenciée de manière abusive, c'est son employeur qui aurait dû démontrer l'absence de lien entre la dénonciation du harcèlement et le licenciement, et non la salariée, comme auparavant. Ici, la boîte s'est au moins épargné la bêtise de licencier sa directrice juridique.

L'avocat de la partie adverse, qui pressent une incapacité de la direction à se défendre, est enclin à négocier, immédiatement. N'en déplaise à Valentin, qui ne s'en est pas privé au détour d'un couloir, et à tous les Valentin d'ailleurs, on ne gagne pas un procès à coups d'intimidations viriles… Malgré la violence de la stratégie pour faire partir Bénédicte, aussitôt après la signature de son chèque, sans même pointer au chômage, elle reprend des études, dans un institut de sciences politiques. Elle va beaucoup mieux, et nous nous téléphonons souvent.

Tu prends tes cliques et tes claques et tu sors de ma vie

Je m'éloigne de la maison. Je dégaine mon téléphone et tente un appel. Impossible : réseau indisponible. Nous sommes en décembre, un samedi matin, et je suis bien la seule à oser mettre le nez dehors, dans ce village du Haut-Doubs. Malgré le calme salvateur de la région, me voilà vite rattrapée par un piège que je me suis tendu. Dans ce coin du Jura, le réseau mobile est quasi inexistant, au point que je dois donner mon numéro de fixe pour qu'on puisse me joindre. Dans cette maison familiale, je visualise les appels et SMS parfois deux ou trois heures seulement après leur envoi. Et quand je rappelle du fixe pour la première fois, on ne me répond pas, croyant à un démarchage. Pendant ce temps, c'est moi qui m'inquiète, qui tourne en rond.

Je m'astreins autant que possible à un haut niveau d'exigence et de réactivité. En leur proposant des honoraires fixes – en fonction de leur salaire –, mes client·es savent qu'ils ou elles peuvent me joindre n'importe quand. Nous nous disciplinons pour répondre dans les vingt-quatre heures. La plupart de nos clients, et c'est aussi parce que nous avons la chance de les choisir, se montrent très respectueux. Ils savent qu'après 19 heures, je suis en trêve « mère de famille ». Mais ce niveau de réactivité n'est pas évident, quand vous gérez en moyenne entre quinze et trente dossiers. En ce qui me concerne, je supervise quelques dizaines de dossiers supplémentaires, dans lesquels on s'en rapporte à moi. Au risque d'empiéter sur ma propre vie privée. C'est un choix assumé.

Mais il faut se garder de tomber dans l'excès inverse, celui d'une trop grande disponibilité. Il s'agit de savoir où est sa place, celle d'une avocate, et de « cloisonner » émotionnellement, vis-à-vis de sa vie privée, pour éviter de se faire dévorer… Je ne peux m'empêcher de pester contre celles ou ceux qui m'appellent trois fois de suite alors qu'il n'y a aucune urgence. D'autres m'écrivent en continu pour me parler de choses qui n'ont rien à voir avec leur dossier : une rupture amoureuse, une fête de famille qui les stresse. Parfois il a pu arriver qu'un client fortement déprimé devienne agressif envers mes collaboratrices et moi-même, se faisant l'ennemi de son propre dossier.

Quand le travail et la famille volent en éclats au même moment, les conséquences peuvent être graves. Il est commun d'évoquer ces femmes à qui l'on refuse un emploi ou une promotion en raison de leur vie de famille, ou simplement parce qu'elles envisagent de se marier. Mais on ne parle jamais assez des femmes qui divorcent ou dont l'emploi dépend de leur conjoint. D'autant que les chiffres manquent cruellement car cette forme de discrimination n'est pas aisée à prouver. Pourtant, dès mes premières années de barreau, j'ai observé par exemple la violence de fins de mandat qui voyaient tant d'épouses ou de maîtresses d'élus perdre leur poste dans le cabinet ou l'équipe d'un homme. L'inverse est rarissime…

Les trois affaires marquantes qui suivent, aux circonstances très différentes, montrent les effets potentiellement dévastateurs d'une relation amoureuse ou de couple dans le cadre du travail. Chaque fois, les victimes ont été prises au dépourvu.

Ce jour-là, alors que je me trouve dans le Jura, mon stress est justifié. Je sais que Stéphanie, ma cliente, a réellement besoin d'une oreille attentive, et qu'il faut la rappeler sans tarder. Mère célibataire, elle a perdu le même jour son compagnon et son emploi. Pour être plus précise, son compagnon, lequel la faisait travailler pour lui, l'a trompée puis l'a quittée et virée sur-le-champ. J'ai conscience de son traumatisme, qui l'a déjà poussée à faire une tentative de suicide. Il n'y a d'ailleurs pas eu un seul moment dans ma carrière où je n'aie eu au moins un·e client·e aux idées noires. Naturellement, mon attention se porte encore plus sur celles ou ceux dont la santé mentale est en grand danger.

Stéphanie entre dans le schéma le plus fréquent. Elle a rencontré Christian il y a douze ans. Lui est chef d'entreprise dans l'immobilier, elle est d'abord agente administrative en mairie. Tous deux divorcés, ils entretiennent une idylle qui se pérennise, jusqu'à faire d'eux un couple établi, même s'ils ne vivent pas ensemble. Deux ans après leur rencontre, Stéphanie décide de se reconvertir dans un tout autre domaine, comme peintre en bâtiment. Elle monte son entreprise, mais au début les contrats sont rares. C'est naturellement qu'elle décroche alors plusieurs chantiers grâce aux agences de Christian, qui quadrillent le territoire. À mesure qu'ils s'enchaînent, Stéphanie élargit sa panoplie. Travaillant de plus en plus pour le compte du petit groupe immobilier de Christian, elle va mettre en contact ses agents avec tout un éventail d'artisans qu'elle côtoie, notamment pour réaliser des travaux de rénovation énergétique. Elle n'est pas rémunérée, pour cet investissement en temps et en relations, mais se dit heureuse d'aider. Au milieu d'une très longue boucle de mails qui prouve le nombre de coups de main effectués, elle écrit : « Je pense que le développement du marché est essentiel aujourd'hui à la survie du groupe ! Je ferai en sorte d'être à la hauteur. »

Entre-temps, Christian emménage chez elle. Doté de gros revenus, il l'emmène régulièrement en vacances, et, à la fin d'une semaine en Espagne, il offre à sa partenaire de rejoindre officiellement son entreprise. Ils pourront se voir presque toute la journée, lui promet-il. Le contrat, en CDI, formalise son suivi des chantiers de peinture et de rénovation thermique. Il lui octroie un salaire de 1 800 euros net mensuels. Le travail sera bel et bien effectué, mais Stéphanie ne verra jamais la couleur de cet argent. Prétextant des soucis de trésorerie, Christian choisit, à titre de substitution, de prendre en charge l'intégralité de leur loyer : autour de 1 500 euros. Si cette manœuvre dans un premier temps la vexe, elle finit par s'en accommoder. L'absence de fiches de paie n'est pas un problème, puisqu'elle vit confortablement aux côtés de cet homme, une personnalité locale, qui lui prête de surcroît l'un de ses trois véhicules. Un jour, au marché, l'ex-femme de Christian et ses deux fils adolescents la traitent de « pute ». Elle les ignore.

Parallèlement, Stéphanie ne se rend pas compte que cet homme qu'elle a toujours admiré pour son charisme et son « côté un peu débordé » s'éloigne peu à peu d'elle, qu'il dort quelquefois à l'hôtel à l'autre bout de la région. Elle tombe de haut le jour où elle apprend qu'il a une liaison, mais décide de ne pas aborder le sujet, le sachant vindicatif lorsqu'il est en colère... Grandit aussi en elle le sentiment d'être prisonnière, de son appartement comme de son travail.

Convoquée un matin en urgence au collège de son fils pour une simple embrouille de cour de récréation, elle manque deux rendez-vous professionnels importants. À son retour, le couperet tombe. Le manager de Stéphanie a prévenu le patron, qui abandonne brusquement tout égard envers elle. Peu importe son absence de gravité, il se saisit de ce premier prétexte à sa portée. Elle ne penserait « qu'à ses gosses », a dû être « bien contente d'être tombée sur lui pour entretenir sa famille ». « Ah bah, c'est fini, ma petite dame, tu prends tes cliques et tes claques et tu sors de ma vie ! On a bien profité, maintenant, dehors. » Elle ne comprend pas ce qui lui tombe sur la tête. J'ai l'habitude d'évoquer les conséquences dramatiques d'un licenciement sur un salarié, mais ici tout se mélange. Après sept ans de relation, elle est licenciée par l'homme qu'elle aime toujours, sans entretien préalable, sans préavis. Il lui ordonne bien sûr de lui restituer les clés de son véhicule.

Sa chute dans la précarité est brutale, à double titre. Comme elle n'était ni mariée ni pacsée, elle ne peut demander la prestation compensatoire qui, en cas de divorce, permet d'indemniser l'un des époux quand il existe un fort différentiel de revenus dans le couple. De l'autre côté, elle n'est pas éligible aux allocations chômage, puisque son contrat n'a jamais été exécuté. Aidée par une amie juriste, elle accepte de mettre en demeure la société de lui payer ses salaires et de lui adresser les bulletins de paie correspondants. En vain.

Elle quitte son logement et retourne vivre chez ses parents, avec ses deux enfants. Elle contacte un avocat qui se révèle aussi être un ami de son ex : elle n'aurait « aucune chance » face aux conseils de la PME, il ne veut pas être mêlé à cela. Il lui donne tout de même le numéro de quelques cabinets parisiens, dont le nôtre. C'est ainsi que je découvre son dossier. Ma révolte est immédiate. Avant même de discuter du fond, je récupère au téléphone une femme brisée, qui peine toujours à comprendre ce qui lui est arrivé. Je la verrai ensuite dépérir davantage encore, quand de nombreux artisans de la région lui avoueront que la faire travailler signifierait pour eux ne plus signer de contrats avec la boîte de Christian. Leur choix est vite fait.

Ce jour-là, lorsqu'elle tente de me joindre, à la campagne, nous sommes deux mois environ après sa tentative de suicide. Elle a appris par un ancien collègue que la nouvelle maîtresse du patron, de dix ans plus jeune qu'elle, a été embauchée à l'accueil d'une des agences immobilières du groupe. « J'ai été jetée puis remplacée », m'écrit-elle par SMS avant son appel. L'ayant enfin au téléphone, je me sens rassurée par le ton de sa voix. Cette nouvelle paraît avoir transformé l'autodépréciation en volonté de revanche, du moins à cet instant. Je devrai être tout aussi attentive les jours à venir, à toute heure, car je connais les risques.

La semaine suivante, après un bref week-end pour décompresser, je convaincs Stéphanie que la saisine des prud'hommes est inévitable afin de pousser cet homme à répondre à nos sollicitations. Notre démarche consiste à prouver qu'elle réalisait une prestation de travail conformément aux clauses de son contrat, sous la direction d'autres salariés, avec un rapport de subordination effectif. Il s'agit donc de travail dissimulé, puisqu'après nos recherches, il se trouve que ma cliente n'a fait l'objet d'aucune déclaration aux organismes sociaux. Elle n'a jamais existé non plus sur le registre du personnel. Quant à son licenciement, il n'est pas légal, étant la conséquence directe d'un événement concernant sa vie privée. Dans notre requête, il est inévitable de mettre en évidence la grande détresse psychologique et financière de Stéphanie, qui a aussi perdu durant toutes ces années la chance de percevoir une retraite complète.

Quelle est la réponse du chef d'entreprise ? Dix jours après l'envoi de la requête, Stéphanie est convoquée à la gendarmerie pour une audition. Il ne peut pourtant y avoir de convocation pour enquêter sur le bien-fondé d'une demande de réparation en justice de son préjudice, mais l'ex de Stéphanie a beaucoup de connexions locales… Christian a pour projet de l'attaquer au pénal pour tentative d'escroquerie. Stéphanie m'informe qu'il connaîtrait aussi le procureur. Elle panique. Je la rassure en lui indiquant que ce genre de manœuvre ne peut aboutir. Leur but est de faire peur. Au fond d'elle, Stéphanie sait que son dossier est implacable, et qu'elle l'emportera. Reste à savoir s'il faudra attendre un passage devant le conseil de prud'hommes, ou si une transaction est à envisager. Compte tenu de son état psychologique instable, je penche pour la seconde option.

Je ne peux m'empêcher de penser que l'arrivée du dossier de Stéphanie entre nos mains est pour elle un pur coup de chance. Mais qu'en est-il de toutes les femmes de petits entrepreneurs ou d'agriculteurs qui se retrouvent brusquement à 40 ou 50 ans sans indemnités de chômage et avec des enfants ? Iront-elles aux prud'hommes, alors qu'elles sont encore marquées par leur rupture récente ?

Dans le cas de cette cliente, la nature de la relation entre elle et le chef d'entreprise était bien connue de tous, et la rupture a coïncidé avec son licenciement. J'ai plaidé. On attend le jugement.

Dans la deuxième histoire, l'homme est aussi dirigeant et la femme simple salariée, mais il n'est pas question de rupture, puisqu'ils ne sont pas en couple. Nous revenons cette fois dans un milieu parisien. Camille, la trentaine, est chargée de projet dans la communication. Elle a une courte liaison avec le PDG de son entreprise et tombe enceinte cinq mois après son embauche en CDI. Déjà père, cet homme fulmine quand elle lui annonce sa volonté de garder l'enfant. S'ensuivent des mois de pression de la part de plusieurs managers. Alors qu'elle n'a évoqué sa liaison avec aucun collègue, elle découvre petit à petit que toute l'entreprise est au courant. Le géniteur enchaîne les colères noires contre elle, devant tout le monde, lui demande de faire profil bas. Camille est effrayée, au point qu'elle a recours à une collègue pour la prévenir des allées et venues de cet homme… afin de se préparer psychologiquement à l'éventualité de le croiser. Il semble avoir réussi son plan : la punir en l'incendiant « pour son mauvais travail » devant témoins, et l'ignorer le reste du temps.

Malgré cet acharnement, elle tient. Après une période de télétravail forcé, elle se fait finalement mettre en arrêt pour raisons de santé, sans attendre son congé maternité. Quelques semaines avant l'accouchement, elle tente de renouer les liens avec le PDG, pour le bien de l'enfant à naître. Sa réponse est glaciale. Sur ce sujet personnel, il se ferme et la renvoie vers un collaborateur.

« Hello, quand est-ce que tu serais dispo pour un café ou autre ? Je suis dans le neuvième mois, il est grand temps que l'on se parle. »

« Tu vois avec Paul !!! » (*son manager*)

« Paul n'est pas le père. Tu charges Paul de me dire que tu as changé d'avis et ne souhaites pas être dans la vie de cet enfant ? Si c'est le cas, tu peux me le dire toi-même. »

« Tu l'as voulu, tu prends tes responsabilités. »

« Donc tu as complètement changé d'avis ? »

« Vois avec Paul ! »

À son retour au bureau, triste coutume pour beaucoup de femmes dans nombre d'entreprises, on lui confie des missions sans rapport avec ses fonctions, comme de mettre à jour le site de la société, ou poster des visuels sur les réseaux sociaux. Sa mise au placard a un impact aussi bien sur sa santé que sur sa fiche de paie, immuable alors qu'elle est mère célibataire. Elle hésite plusieurs fois à dénoncer sa situation aux RH mais y renonce, se disant que son ex est de toute façon aux manettes.

Épuisée, Camille attendra les trois ans de son fils pour aller consulter une avocate en droit de la famille. Celle-ci envisage la piste d'une reconnaissance de paternité. Malgré les pressions de sa nouvelle compagne, le patron va devoir s'y résoudre, mis au pied du mur par une demande d'expertise que lance l'avocate de Camille. Il choisit l'issue amiable pour éviter toute exposition médiatique (vu sa notoriété) et une grosse condamnation. Ce qui aboutit à un versement d'arriérés de pension alimentaire. Ma consœur a en outre dirigé Camille vers mon cabinet, et nous négocierons par la suite un licenciement transigé. Le père de l'enfant, lui, n'aura rien perdu professionnellement dans cette affaire, hormis quelques euros.

Contrairement aux apparences, cette situation n'est pas du tout extrême. Il m'est arrivé de voir trois salariées tomber successivement enceintes du même chef d'entreprise, qui les a ensuite toutes poussées à avorter ! La DRH ne comprenait pas le problème et disait que ces événements relevaient de la vie privée… Il reste du boulot.

Je ne peux m'empêcher de revenir sur une dernière histoire, encore plus ubuesque… et toujours plus injuste. Ici, nous sommes en présence d'un couple d'une quarantaine d'années, qui décide de monter une petite chaîne de restauration de luxe. Le mari est entrepreneur, il embauche sa conjointe malgré leur même niveau d'implication dans le projet. La sœur de ma cliente est également recrutée, pour son expérience de ce secteur. Au moment du lancement, ils ignorent que ce montage aura de graves conséquences.

Les années passant, cette aventure est un beau succès, qui s'accompagne de l'arrivée de nouveaux actionnaires. À la suite d'un désaccord stratégique mineur, ceux-ci se liguent contre le fondateur, devenu minoritaire : il est révoqué de son mandat de président. Les circonstances de son départ sont houleuses, puisque de nombreux salariés – dont sa femme et sa belle-sœur – manifestent leur incompréhension ainsi que leur colère. Sous la nouvelle direction, ma cliente et sa sœur subissent des remarques, des sous-entendus quant à la raison de leur présence… et sur la perte récente de leur « immunité ». Les menaces sont rapidement suivies d'effet. Elles sont toutes deux licenciées, à quelques semaines d'intervalle. Officiellement, il s'agit d'abord d'une « insuffisance professionnelle », appuyée uniquement par des absences injustifiées et l'engagement de frais professionnels dont l'utilité est remise en cause. Or, ce ne sont pas des motifs légitimes de licenciement.

Peu après avoir pris en main le dossier, j'apprends de mon côté par la directrice juridique que la décision aurait été prise en raison de « difficultés financières ». Après lui avoir soumis des documents certifiant l'excellente santé de l'entreprise, cette dernière finit par admettre que ces licenciements sont une décision des actionnaires pour « ne pas engendrer de conflit d'intérêts ». Cependant, le Code du travail dispose qu'aucun salarié ne peut être licencié en raison de sa situation de famille. Par principe, et pour exposer cette bévue quelque peu grossière, il n'est pas question de négocier, dans ce dossier. Mais en première instance, nous obtiendrons uniquement le licenciement sans cause réelle et sérieuse des deux salariées. Pas de reconnaissance du lien avec leur situation familiale ! Donc faible indemnisation. Nous attendons de plus fortes sanctions de la part de la cour d'appel, malheureusement très lente à statuer.

Devant les prud'hommes, le taux d'appel est de 60 % sur les jugements au fond, donc bien plus important que pour les autres contentieux civils. Selon les statistiques du ministère de la Justice, en 2017, 19 % des affaires traitées par les cours d'appel ont donné lieu à une confirmation totale, 34 % à une confirmation partielle et 14 % à une infirmation, 34 % des affaires se terminant par ailleurs sans décision au fond. S'il n'est pas possible de distinguer, parmi les décisions de confirmation partielle, celles qui se bornent à modifier le quantum des indemnités et celles qui remettent en cause plus fondamentalement le raisonnement juridique tenu par les conseillers prud'homaux, ces chiffres tendent à donner au justiciable l'impression d'une justice quelque peu aléatoire[1].

---

1. Sénat, « La justice prud'homale au milieu du gué », rapport d'information n° 653 (2018-2019), déposé le 10 juillet 2019. En France, l'État a d'ailleurs été souvent condamné en responsabilité pour les délais de jugement et d'appel abusifs en matière sociale, notamment par jugement du tribunal judiciaire de Paris du 14 décembre 2023, pour un montant de 6,7 millions d'euros.

Nous n'avons plus besoin de toi mais nous allons t'accompagner

Quelle classe ! Il m'arrive de trouver en face de moi des avocats sexistes, racistes ou profondément malveillants, et Dieu sait que j'ai appris à réguler ma colère lors des échanges avec ceux-là. C'était sans connaître les « avocats fantômes ». Ces cinq derniers jours, j'ai tenté SEIZE fois de joindre le cabinet qui défend l'entreprise adverse. La raison de ce silence me fait sortir de mes gonds : ils jouent la montre, et ce n'est pas la première fois. Par réflexe, j'ai recours à ma cigarette électronique, et j'ouvre la fenêtre. Insuffisant. Cela a le mérite de me soulager, mais aussi d'attirer l'attention des collaboratrices qui travaillent juste à côté et qui m'entendent m'énerver. Je fonce leur raconter que le dossier de Françoise, pourtant entre mes mains depuis deux ans, est encore en stand-by. Si nous avons gagné le procès, son ex-employeur n'a toujours pas versé la somme remportée, alors que le délai d'appel est expiré. Nous allons devoir faire exécuter le jugement par un huissier de justice. Je rappelle à Chloé que cette femme a été mise à l'écart parce que « trop vieille ». Et cet argent, elle en a besoin pour anticiper sereinement la retraite.

Le fil de l'histoire de Françoise est une succession d'ignominies qui en dit long sur la discrimination que subissent particulièrement les femmes seniores, à bas bruit. Françoise est une femme courageuse. Assistante de direction depuis trente ans dans une tour de La Défense, elle était de celles qui n'arrivent jamais en retard au bureau, n'oublient jamais un rendez-vous ou une date d'anniversaire. Quand elle était venue me voir pour la première fois à mon cabinet, accompagnée de sa sœur, cette dernière m'avait raconté son application à toujours soigner ses tenues professionnelles, son maquillage. « C'est une question de standing ! », s'était-elle justifiée.

Cette histoire est d'abord celle d'une femme victime de deux cancers du sein, dont le second est suivi d'une mastectomie… et précédé d'un divorce. Soit dit en passant, à l'annonce d'un cancer, une femme a six fois plus de risque d'être quittée qu'un homme, estime une étude publiée par l'American Cancer Society[1].

---

1. Chiara Acquati *et al.*, « Sexual functioning among young adult cancer patients: A 2-year longitudinal study », *Cancer*, novembre 2017.

Dévouée malgré ces épreuves, Françoise se réfugie dans le travail, en continuant d'exercer une partie de ses fonctions en arrêt maladie, pour le directeur financier dont elle dépend alors, poursuivant également le suivi de deux apprenties qu'elle a prises sous son aile.

À la fin de son deuxième processus de radiothérapie, le retour est difficile. Elle ressent une grande fatigue. À 55 ans, elle est aussi en pleine ménopause. Les bouffées de chaleur succèdent aux nuits agitées, et entretiennent son inconfort dans les transports en commun ou au bureau. Elle se persuade que le sujet est tabou, que cela ferait mauvais genre d'en parler, en plus de ses cancers. Au quotidien, le directeur financier le devine, et lui dit sur un ton paternaliste – alors qu'il est de dix ans son cadet – qu'il faut faire attention à elle. Malheureusement, ces faux encouragements la poussent à se donner encore plus. J'ai l'habitude de ce genre d'attitude où les femmes assistantes de hauts cadres continuent envers et contre tout de trouver leur travail passionnant, sachant aussi qu'elles sont attendues au tournant. Toujours accrochées au regard des autres, elles veulent prouver qu'elles sont à la hauteur car le cliché prédomine : à cet âge, les hommes mûrissent et les femmes déclinent. Les cheveux blancs n'ont pas le même effet d'un côté ou de l'autre. Le physique des femmes, d'abord survalorisé sans qu'elles en aient envie durant toute la première partie de leur carrière, est une carte désormais utilisée contre elles.

Hormis les remarques de mauvais goût, le sujet de la santé des femmes de plus de 50 ans est bel et bien tabou, et bon nombre d'entre elles ne se sentent pas autorisées à en parler. Pourtant, elles voient les risques croître tout au long de leur carrière. Alors que les accidents du travail ont baissé de 27 % chez les hommes entre 2001 et 2019, ils ont augmenté de 42 % chez les femmes, selon l'Agence nationale pour l'amélioration des conditions de travail. Il en va de même des maladies professionnelles : les troubles musculosquelettiques, par exemple les tendinites ou les syndromes du canal carpien, au niveau du poignet, conséquence de gestes répétitifs notamment à un poste de travail fixe, concernent deux fois plus souvent les femmes. Malgré ces chiffres alarmants, le corps des femmes demeure invisible.

Tout ce que l'entreprise daigne voir, chez mes clientes, c'est une perte de productivité. Un jour, mises sous pression, leur supérieur les encourage à voir le médecin du travail pour envisager une réaffectation vers un emploi de bureau plus calme. Elles y perdront plaisir et prestige, mais garderont au moins leur emploi. Ce n'est pas ce que veut le grand groupe pour lequel travaille Françoise. Une semaine après ses vingt-quatre ans de boîte, elle est convoquée par sa DRH, qui lui explique que le directeur financier ne souhaite plus travailler avec elle car elle ne lui apporte plus satisfaction. Pourquoi ? « Il dit qu'il peut se débrouiller tout seul, notamment avec les derniers logiciels internes. Tu n'es pas la seule concernée, tu sais bien que les métiers de secrétaire sont en train de disparaître… Et puis, avec l'intelligence artificielle, ce sera pire, je serai peut-être même la première concernée, tu sais ! Mais ne t'inquiète pas, on va t'accompagner. » L'accompagnement proposé prend la forme d'une rupture conventionnelle, minable, compte tenu de sa situation. Sans diplôme, c'est certain, Françoise ne retrouvera pas rapidement du travail. Elle le sait. Elle craignait ce moment mais n'imaginait pas sa violence. Impossible pour elle de recroiser ce chef qui lui a tiré une balle dans le dos, alors qu'elle est à son service depuis dix ans.

C'est à ce moment-là que la salariée a le réflexe de contacter un avocat. Comme toujours, je lui recommande un passage en arrêt maladie, non pas justifié par un état dépressif mais tout simplement par sa ménopause difficile et les séquelles de ses deux cancers. C'est le début du bras de fer. Alors que nous n'avons même pas commencé les négociations ni réfléchi à présenter une requête, l'indemnisation maladie de ma cliente est bloquée. Comme pour se venger de son refus de signer la rupture conventionnelle sans broncher, la direction des ressources humaines rechigne à transmettre ses attestations de salaire à la caisse primaire d'assurance-maladie. Sans elles, une salariée en arrêt maladie n'a pas de revenus. Si l'entreprise enclenche finalement la validation du dossier, c'est un premier avertissement qui m'inquiète.

Je suis particulièrement préoccupée par la situation financière des femmes de cet âge. En effet l'indemnisation en arrêt maladie ne dure qu'un temps. Dans cette entreprise, qui n'est pas réputée pour ses conditions de travail, il n'y a pas de convention collective avantageuse ni de contrat de prévoyance très efficace. On se contente a minima de ce que dit la convention collective. Dans le cas de Françoise, qui rentre dans la case « 21 à 25 ans d'ancienneté », la couverture légale correspond à un versement de 90 % de sa rémunération durant 70 jours, puis 66 % les 70 jours suivants. La perte de revenu est bien réelle. Nous n'avons pas beaucoup de temps pour constituer le dossier, car je sais que les deux tiers de sa rémunération ne suffiront pas à ma cliente pour régler son prêt et toutes ses factures du quotidien.

Quand une salariée connaît un tel risque de précarité, nous faisons d'abord en sorte qu'elle touche les allocations chômage. Cela permet aussi d'anticiper un nouveau départ. À cette fin, j'explique à Françoise qu'un licenciement pour inaptitude serait la meilleure solution : une résiliation judiciaire de son contrat par la voie des prud'hommes prendra au moins deux ans. Ainsi, j'ai souvent recours à l'inaptitude, lorsque le médecin du travail le décide, lorsqu'aucune rupture amiable n'est possible et que le ou la salarié·e a besoin de sortir de l'entreprise, soit parce que son arrêt n'est plus pris en charge (problème de prévoyance), soit qu'il ou elle désire faire une formation, ou prendre un autre emploi. L'inaptitude devient un moyen technique de sortie, qui préserve les droits à France Travail (ex-Pôle Emploi), contrairement à une démission. Mais l'objectif est ensuite de poursuivre le contentieux, en indiquant que l'inaptitude est due au comportement fautif de l'employeur, et de demander des indemnités à ce titre.

Dans le cas de Françoise, un nouvel obstacle advient : seul le médecin du travail peut prononcer cette inaptitude. Or, dans les grandes entreprises, celui-ci est souvent un salarié à plein temps de la société, ce qui pose parfois un problème d'impartialité. Au courant de la négociation de départ envisagée, le médecin de l'entreprise rechigne à prononcer l'inaptitude… alors même qu'il a été dit par la direction à ma cliente qu'elle ne pouvait plus assurer ses fonctions ! C'est ce moment que je choisis pour sortir du bois, simplement en signalant à l'entreprise que nous travaillons sur un dossier dans l'objectif de contester la manière dont est traitée la salariée. Étrangement, cet épisode accélère le licenciement de Françoise…

Au chômage, Françoise retrouve une forme de sérénité. Mais elle se fait de plus en plus pressante à mesure que les mois passent, ne me lâche pas. D'une certaine manière, elle a raison. Depuis vingt ans, la durée d'indemnisation des demandeurs d'emploi n'a cessé de diminuer, y compris pour les seniors (même si ceux-ci ont de meilleures conditions). À son âge, elle peut bénéficier du chômage durant vingt-sept mois. Après cela, le risque est colossal : celui d'entrer dans le contingent des deux millions de personnes en France ne travaillant pas mais qui ne sont plus inscrites à France Travail. Pour une personne de plus de 55 ans, passer de la case « chômeur » à « inactif » entérine l'impossibilité de retrouver du travail donc une retraite correcte. Ainsi, la durée d'indemnisation peut sembler acceptable pour des salariés de 59 ou 60 ans, mais avec le décalage à 64 ans de l'âge de départ à la retraite, il n'est plus question d'affirmer que 55 ans est un âge de « pré-retraité »… C'est ce que me rappelle régulièrement cette femme au téléphone, non sans virulence. « Je veux les faire payer », m'écrit-elle un jour. Cela a le mérite d'être clair.

L'heure de la requête arrive. Nous souhaitons démontrer devant le conseil de prud'hommes que le licenciement pour inaptitude est le fait de l'employeur, qui n'a pas laissé d'autre choix à ma cliente. Pour ce, outre ce jour où Françoise s'est vu annoncer qu'elle était, en quelque sorte, arrivée à date de péremption professionnelle, je vais à la recherche de preuves de harcèlement moral de la part du directeur financier. Quoique désintéressée, la bienveillance de ma cliente envers les deux alternantes a payé. Désormais loin de l'entreprise, elles acceptent de témoigner dans ce dossier, et nous révèlent les horreurs qu'aurait prononcées le supérieur hiérarchique de Françoise à son sujet, notamment qu'une femme qui n'est plus en âge de procréer n'a plus aucun intérêt.

Le dossier est solide, mais la partie adverse ne répond pas. Le dernier blocage est le plus éprouvant. Les mois passent, et l'entreprise ne souhaite pas négocier. Nous avons osé croire qu'elle le ferait, mais ce n'est pas le cas. Il faut donc aller au procès. Or, d'ici l'appel, Françoise n'aura probablement plus d'allocations chômage… Cruelle, l'entreprise continue de jouer la montre à toutes les étapes de la procédure. La première audience est reportée, car le confrère – que je rencontre enfin – n'a « pas eu le temps de lire toutes les pièces ». Quel toupet.

Comme je suis sa seule interlocutrice et qu'elle craint de plus en plus pour le maintien de son niveau de vie, Françoise en vient à se montrer injuste, rejetant la faute sur moi. Avons-nous bien fait de procéder ainsi ? Pourquoi ne pas avoir accepté la rupture conventionnelle dès le départ ? Après tout, elle aurait pu se retourner pendant quelques mois, avec la somme proposée…

Cette culpabilisation me rend nerveuse, dans un dossier qui me paraissait classique. La nuit précédant l'audience, je ne peux me retenir de me lever à 4 heures du matin pour répéter ma plaidoirie en entier. Même après treize ans de métier, je me persuade qu'elle est mauvaise. Que Françoise me jugera durement. Que les avocats d'en face, qui ont fait semblant d'être incompétents jusqu'alors, seront en totale maîtrise face aux conseillers.

Le matin du procès, je décide d'envoyer valser tous mes autres dossiers, tant celui-ci me taraude. Sur le chemin du tribunal, que j'effectue à pied, je renonce à tout appel téléphonique. Je leur préfère ma playlist chérie, où se côtoient « Le courage des oiseaux » de Dominique A… et « Highway to Hell ».

Le procès se déroule normalement et nous gagnons. À la surprise générale, la boîte ne fait pas appel. Mais prend à nouveau son temps pour faire exécuter le jugement, et verser à ma cliente la somme remportée… Quelle sera ensuite la retraite de Françoise, du fait de son licenciement ? Sous certaines conditions, France Travail prolonge l'indemnisation jusqu'à l'âge de la retraite pour les personnes de plus de 61 ans, indemnisées depuis une année, mais cela semble remis en question par le gouvernement actuel. Pour les moins de 58 ans, ces années sans indemnisation posent de gros problèmes. Ce qui va être le cas de ma cliente.

Le jour où Françoise touche enfin ce qui lui est dû, elle ne me remercie qu'à moitié. Je ne lui en veux pas, car j'ai peur d'être à sa place, demain. Je ne peux pas m'en empêcher. J'ai beau ne pas avoir de patron et gagner confortablement ma vie, la phase « femme seniore » m'inquiète. Et je ne peux me retenir d'écouter les récits de mes amies sur leurs mères divorcées ou veuves, qui ont toutes enchaîné les phases de travail et de chômage avant d'atteindre péniblement une retraite à taux plein, d'un montant si faible qu'il en est révoltant…

Si l'on prend en considération les interruptions de carrière, l'orientation vers des métiers moins bien payés, une progression plus lente et des écarts de salaire persistants, l'addition est lourde : les femmes touchent une retraite moyenne de 28 % inférieure à celle des hommes, selon des chiffres publiés par la Cour des comptes en 2023. Si l'on exclut les pensions de réversion, versées aux femmes quand leur conjoint décède, cet écart monte à 40 % ! À la fin de sa vie, la grande Gisèle Halimi l'avait martelé, dans une conférence devant l'Ordre des avocats : « Ce qui reste le plus gros échec c'est l'égalité au travail, les inégalités salariales. Et une grande menace se profile sur les retraites des femmes. » Comment ne pas lui donner raison ?

Épilogue

Dans notre quotidien souvent rude, il est aussi primordial de se changer les idées régulièrement que de célébrer petites et grandes victoires. Ce soir, alors que ma précieuse alliée Laurence, nounou de mes enfants, les couche et les dorlote, nous fêtons la prestation de serment de Chloé. Elle en impose, dans sa robe noire, certes un peu austère, que nous sommes fières de lui avoir offerte, Alice et moi. C'est notre coutume d'offrir leur robe aux stagiaires que nous embauchons. Après des mois à nos côtés, elle intègre aujourd'hui officiellement l'équipe. Pour l'heure, elle ne pense certainement pas au jour où elle sera avocate seniore, et elle a bien raison. Cela ne l'empêche pas de vouloir changer les choses. La raison pour laquelle elle a rejoint notre équipe… « Pour les cookies, aussi », confesse-t-elle lors de son petit discours.

Il va de soi que nous aimons les discours. Dans le bureau de Marion, Chloé et Félix, devant les proches de

Chloé, j'entame le mien. Étienne, le conjoint de Chloé, thésard et futur confrère également, a préparé du guacamole. Pas de prestation de serment sans avocat… le fruit.

« C'est un métier stressant, dis-je pour commencer, mais aussi plein de surprises, d'adrénaline (et on aime ça), de rencontres, de sens et de plaisir. Tu seras parfois sous pression – je pense à ta première plaidoirie, qui approche – et parfois un peu dépassée et démunie face à l'adversité. Mais j'espère que chaque jour tu auras plaisir à te lever le matin, et que tu connaîtras ce sentiment de plénitude, d'être en ligne avec tes convictions. Je sais déjà que tu seras excellente. Tes qualités intellectuelles et humaines, nous les connaissons. Tu es brillante, juste, courageuse, forte, empathique et gentille. Et la gentillesse, ça doit être fondamental, dans notre exercice de défense des salariés. Compte sur moi, sur nous, pour être là dans les beaux et moins jolis moments, pour essayer de rendre ton entrée dans la profession la plus douce possible. J'espère que nous arriverons à te donner des ailes, et à ce que tu réalises à quel point tu es précieuse, pour nous, nos clients et la profession. Ta progression pendant ces dix derniers mois a été incroyable. Évidemment, je suis très émue et honorée d'être aux premières loges de tes débuts. Bravo, et surtout, fête fête et re-fête, c'est le premier jour du reste de ta vie professionnelle ! »

Si les larmes montent si facilement ce soir-là, c'est parce que la journée a été une épreuve. Je ne l'ai dit à personne au cabinet, mais j'ai reçu un message vocal du nouveau compagnon d'Isabelle, la polytechnicienne énarque détruite par son chef il y a dix ans. La nuit passée, elle a tenté de s'ôter la vie. Elle est dans le coma, mais elle va s'en sortir. Si ce n'est pas la première fois que j'apprends ce genre de nouvelle, pour Isabelle, ce n'est pas pareil. Quoiqu'elle ait quitté l'entreprise il y a dix ans, sa détresse semble intacte. Elle n'a jamais retravaillé. Lors d'une accalmie dans sa dépression, elle a obtenu un diplôme de naturopathe, profession qu'elle n'a finalement pas exercée. Sur son profil LinkedIn, on peut lire qu'elle se présente toujours comme salariée de son ex-entreprise. Ancienneté : vingt-deux ans. Sa vie est à l'arrêt, et cela me met en rage.

Mon métier me donne une place de choix pour observer « l'après », chez les victimes. Je rappelle souvent que 50 % de mon temps est consacré au soutien psychologique, et non à la maîtrise des textes juridiques ou de l'argumentation. Je leur parle parfois comme à des amis, j'écoute leur douleur, leurs inquiétudes. Je gère leurs tergiversations, leur réticence à suivre ma stratégie à la lettre. Il y a ceux qui m'incitent à demander moins d'argent, ou infiniment plus. Une fois l'affaire terminée, je les conseille dans leur recherche d'emploi, chose qui n'est pas aisée, surtout en deuxième partie de carrière.

Quelquefois, il y a de belles histoires : progressivement, j'admire la transformation physique et mentale de certaines de mes clientes. Gommant l'injustice, une victoire au procès ou une bonne transaction leur permet de changer d'attitude vis-à-vis du travail. Certaines sont devenues indépendantes, ont monté leur propre entreprise, où la culture est plus bienveillante. Nombre d'entre elles ressortent plus fortes de leur mauvaise expérience. L'une de ces femmes, devenue une amie, a acheté une grande maison en Provence, où elle reçoit des victimes de violences au travail. Une autre cliente est devenue spécialiste de la colorimétrie. Depuis qu'elle m'a expliqué pourquoi je n'étais pas à mon avantage sur une vidéo Instagram, je l'écoute, et je porte de l'argenté ou des couleurs froides.

Certes, les clients et clientes viennent désormais me voir plus tôt car la parole sur la souffrance au travail s'est un peu libérée. Certes, le harcèlement sexuel est devenu un sujet à part entière depuis la vague #MeToo. Mais je ne peux m'empêcher de penser à toutes ces histoires que nous ne connaîtrons jamais, aux femmes qui encaissent l'intolérable, à celles qui se disent que « prendre un avocat » est un aveu de faiblesse, ou n'est pas dans leurs moyens. C'est la raison pour laquelle nous avons monté ce cabinet, avec mon associée, Alice : former une armée d'excellents avocats pro-salariés. Il n'y en a pas assez pour changer le rapport de force avec les entreprises. Nous sommes en train de réussir, avec cette équipe, et je vais continuer.

Pendant ce temps, les inégalités systémiques demeurent et les harceleurs restent impunis. Il est urgent pour les directions des ressources humaines d'arrêter de fermer les yeux, et aussi de mieux protéger ceux qui dénoncent les faits de harcèlement. Il ne faut plus en revanche protéger ceux qui font du mal, au motif que leurs performances professionnelles sont excellentes ou qu'il coûterait trop cher de se séparer d'eux. À en croire certains polémistes, dénoncer le harcèlement au travail serait accuser tout le monde et risquer de briser les carrières d'innocents. Pour l'instant, le harcèlement et les discriminations sexistes brisent de fait, pour une écrasante majorité, celle des femmes.

L'homme qui a détruit Isabelle est aujourd'hui à la tête d'une entreprise régulièrement reconnue pour son « management bienveillant », arborant fièrement un célèbre label. Il se porte d'ailleurs garant de cette bienveillance dans les médias ou sur les réseaux sociaux. Officiellement, il se fait passer pour un grand féministe. Dix ans après, Isabelle n'a toujours pas repris le travail.

Remerciements

Je remercie Sophie Garcin, sans laquelle ce livre n'existerait pas, toute l'équipe des Arènes et particulièrement Jean-Baptiste Bourrat pour sa vision, sa confiance et son écoute.

Évidemment merci à Jules Thomas et Emmanuel Dazin, qui ont énormément contribué à ce livre, avec intelligence et bienveillance.

Merci à mon équipe d'Alkemist Avocats, pour son soutien de chaque instant.

Merci à mes clientes et clients pour leurs encouragements à écrire ce livre.

Merci à ma famille et mes amis pour leur patience et leur compréhension durant toute la gestation de ce livre.

Merci à Laurence de veiller sur mes enfants comme s'ils étaient les siens lorsque je plaide ou écris.

Merci à mes amis relecteurs, dont les retours intransigeants et sans complaisance m'ont beaucoup aidée : Judith

Aquien, Évelyne Belle, Sophie Bodin, Hélène Daher, Vanessa Julien, Clément Le Bras, Philippe Mairot, Aliona Usova.

Merci à mon collectif Femmes et travail pour le soutien et la sororité : Clara Moley, Lucile Quillet, Sarah Zitouni, Maïmonatou Mar, Laetitia Vitaud.

TABLE

De la même autrice

Manuel contre le harcèlement au travail, Hachette, 2021

L'exemplaire que vous tenez entre les mains a été rendu possible grâce au travail de toute une équipe.

COUVERTURE ET CONCEPTION GRAPHIQUE : Éric Pillault
ÉDITION : Emmanuel Dazin
RÉVISION : Anne-Soazig Brochoire et Isabelle Paccalet
avec Julie Mandart
MISE EN PAGE : Soft Office
PHOTOGRAVURE : Point 11
FABRICATION : Louise Clément
COMMERCIAL ET MARKETING : Pierre Bottura
COORDINATION : Jean-Baptiste Noailhat
MARKETING ET COMMUNICATION DIGITALE : Adèle Hybre
RELATIONS LIBRAIRES : Salomé Bernard
PRESSE ET COMMUNICATION : Jérôme Lambert avec Manon Lejeune
COMMUNICATION DIGITALE : Pierre Bottura avec Marc Blactot,
Adèle Hybre et Soraya Lecroc

RUE JACOB DIFFUSION : Élise Lacaze (direction), Katia Berry (grand Sud-Est), François-Marie Bironneau (Nord et Est), Charlotte Jeunesse (Paris et région parisienne), Christelle Guilleminot (grand Sud-Ouest), Laure Sagot (grand Ouest), Diane Maretheu (coordination), Charlotte Knibiehly (ventes directes) et Camille Saunier (librairies spécialisées)

DISTRIBUTION : Interforum

DROITS FRANCE ET JURIDIQUE : Geoffroy Fauchier-Magnan et Marion Rowe
DROITS ÉTRANGERS : Ella Bartlett et Elvire Beaule
DROITS AUDIOVISUEL, THÉÂTRE, PODCAST : Geoffroy Fauchier-Magnan
ACCUEIL ET LIBRAIRIE : Laurence Zarra et Lucie Martino
ENVOIS AUX JOURNALISTES ET LIBRAIRES : Vidal Ruiz Martinez
COMPTABILITÉ ET DROITS D'AUTEUR : Christelle Lemonnier, Camille Breynaert et Christine Blaise
SERVICES GÉNÉRAUX : Isadora Monteiro Dos Reis

L'ensemble de cet ouvrage a été réalisé dans le respect des règles environnementales en vigueur. Il a été imprimé par un imprimeur certifié Imprim'vert, sur du Lac 2000 PEFC pour l'intérieur et une carte 1 face PEFC pour la couverture.

Achevé d'imprimer sur les presses de l'Imprimerie Floch à Mayenne (France) en mars 2024.

ISBN : 979-10-375-1160-7

Numéro d'impression : 104521
Dépôt légal : avril 2024

En France, un livre a le même prix partout. C'est le « prix unique du livre » instauré par la loi de 1981 pour protéger le livre et la lecture.
L'éditeur fixe librement ce prix et l'imprime sur le livre.
Tous les commerçants sont obligés de le respecter.
Que vous achetiez votre livre en librairie, dans une grande surface ou en ligne, vous le payez donc au même prix.
Avec une carte de fidélité, vous pouvez bénéficier d'une réduction allant jusqu'à 5 % applicable uniquement en magasin (les commandes en ligne expédiées à domicile en sont exclues).
Si vous payez moins cher, c'est que le livre est d'occasion.